YUNAN MİTOLOJİSİ

KAHRAMANLAR TANRILAR VE CANAVARLAR

AKILÇELEN KİTAPLAR
Yuva Mahallesi 3702. Sokak No: 4 Yenimahalle / Ankara
Tel: +90-312 396 01 11 (pbx) Faks: +90-312 396 01 41
www.akilcelenkitaplar.com
e-posta: bilgi@akilcelenkitaplar.com
Yayıncı Sertifika No: 12382
Matbaa Sertifika No: 13651

Kitabın özgün adı ve yazarı: Heroes, Gods and Monsters of Ancient Greek Mythology, Michael Ford

ISBN: 978-605-5069-41-4

ANKARA, 2014

Çeviri : Berna Yılmazcan
Çeviri Editörü : Tunç Tayanç
Redaksiyon : Deniz Candaş
Yayına Hazırlık : Zeynep Kopuzlu Taşdemir, Safa Tekeli
Sayfa Düzeni : Belgin Tuna
Kapak Uyarlama : Lodos Grup
Baskı : Yorum Basın Yayın San. Ltd. Şti.
İvedik Organize Sanayii Matbaacılar Sitesi
35. Cadde, No: 36-38
Yenimahalle – Ankara

YUNAN MİTOLOJİSİ

KAHRAMANLAR TANRILAR VE CANAVARLAR

MICHAEL FORD

RESİMLEYEN: EOIN COVENEY

AKILÇELEN kitaplar

YUNAN MİTOLOJİSİ

KAHRAMANLAR TANRILAR VE CANAVARLAR

MICHAEL FORD

RESİMLEYEN: EOIN COVENEY

ANTİK

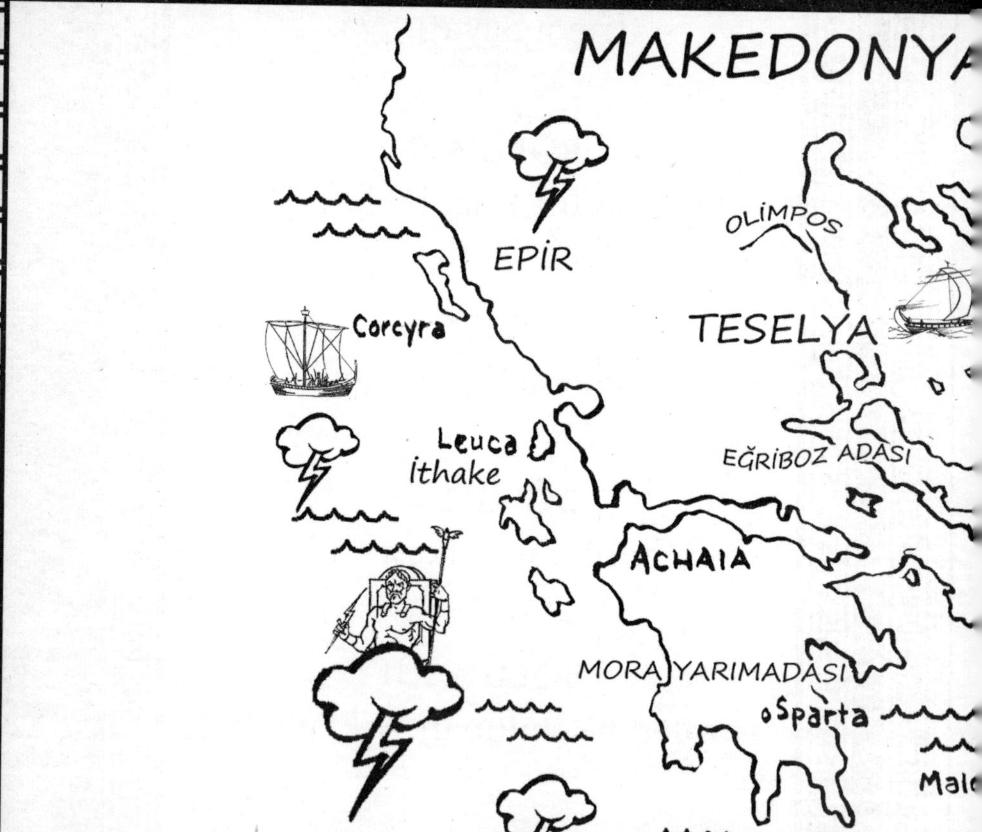
MAKEDONY
EPİR
OLİMPOS
Corcyra
TESELYA
Leuca
İthake
EĞRİBOZ ADASI
ACHAIA
MORA YARIMADASI
Sparta
Mal
Kitara

YUNAN

TRAKYA
Bizans
Taşoz
FRİGYA
MİSYA
Midilli
LİDYA
Sakız Adası
Sisam
KARİA
Milet
Nakşa
RODOS

GİRİŞ

KISACA ANTİK YUNAN TARİHİ

Günümüz Batı uygarlığının temeli, bundan binlerce yıl önce antik Yunanistan'da atıldı. O döneme ilişkin ilk bilgiler MÖ 1100 yılına aittir. Bu tarihten öncesiyle ilgili çok fazla bilgimiz bulunmamaktadır. Yapılan arkeolojik kazılara göre MÖ 1000'den önce Girit Adası'nda Minoanlar (Minoslular) diye adlandırılan bir soy yaşıyordu ve muhtemelen o dönemde Akdeniz'deki en güçlü soydu.

Kaynaklar, Dor adında bir kavmin istilaları ve muhtemelen felaketle sonuçlanan doğal yıkımlar sonrasında Yunan dünyasının MÖ 1100 dolaylarında bir karmaşaya düştüğünü gösteriyor. Sonraki üç yüzyıl Yunan Karanlık Çağları olarak kabul ediliyor; çünkü bu dönemle ilgili pek bir şey bilmiyoruz. Yazma sanatı[1] sona er-

---

1 *Eski Yunanlar, bu dönemde, arkeologların "Doğrusal B" olarak bildikleri bir yazı kullanıyorlardı.*

diğinden, günlük yaşam ya da tarihsel olaylarla ilgili elimizde yazılı kayıt yok. Ancak bir zamanların gururlu Minoan uygarlığının bu dönemde tamamen ortadan kaldırıldığına ilişkin kanıtlar bulunuyor.

Antik Yunanistan'ı, kendi çapında tarihsel bir uygarlık olarak tanımaya gerçek anlamda ancak MÖ 800'den sonra başladığımızı söyleyebiliriz. MÖ 800'den MÖ 500'e kadar geçen zaman "Arkaik Dönem" olarak bilinir. Bu dönemde, anakara ve çevresindeki adalarda yaşayan farklı nüfuslar "şehir devletleri" (site) adını verdiğimiz siyasal yapıları oluşturmaya başlamışlardı. Bu topluluklar kendi kendilerini idare ediyorlar, birbirleriyle ticaret yapıyorlar ve lortlar ya da krallar tarafından yönetiliyorlardı. Ancak en önemlisi çok fazla ortak noktaları vardı: Aynı dili konuşuyor, aynı Tanrılar ailesine (ya da Panteon'a) tapıyorlardı.

Bu dönemde Yunan şehir devletlerinde edebiyat, mimarlık ve diğer sanat dalları filizlenmeye başlamıştı. Bu kültür merkezlerinin en güçlüsü Sparta ile Atina adındaki şehir devletleriydi. Bu iki şehir devleti, yüzlerce yıl boyunca ara sıra birbirlerine düşman olmuş, egemenlik çabalarında diğer şehir devletleriyle ittifaklar kurmuşlardı. MÖ 5. yüzyılda, güçlerini birleştirerek, büyük Pers krallığının istilasına karşı mücadele etmişlerdi. Ancak bu işbirliği aslında Yunanların sonunun başlangıcıydı. Sonraki yüz elli yıl içinde, sanat gelişmiş olsa da Atina ve Sparta giderek zayıfladı.

MÖ 4. yüzyılda Makedonyalı[2] Philip adında ileri görüşlü bir komutan, Yunan şehir devletlerini kendi denetimi altında birleştirdi. Oğlu Büyük İskender de doğuda Pers ülkesi (İran) ve günümüzde Hindistan olarak bilinen toprakların ötesine kadar fetihlerde bu-

2 *Günümüzde Yunanistan'ın kuzey bölgesi.*

lundu. Ancak öldüğünde, imparatorluk tek bir kişinin yönetemeyeceği kadar büyüktü; güçlü Roma Cumhuriyeti[3] gibi başka kültürler, Yunan topraklarının denetimini giderek ele geçirdiler. Ülke hâlâ kendi diline ve kimliğine sahipti, ama artık eskisi gibi güçlü bir ulus olmaktan çıkmışlardı.

Antik Yunan'da Günlük Yaşam

Yunanistan coğrafyası adalar, dağlar ve uzaklarda kalan doğal limanlarla çok çeşitlilik gösterir. Eski zamanlarda seyahat etmenin zorlukları, Yunan dünyasının şehir devletlerine bölünmesinin nedenlerinden biriydi. Halkın çoğu, ailelerini geçindirmek için tarım ve hayvancılıkla uğraşırdı. Elde edilenin fazlası takas edilir ya da satılırdı.

Bu, başka mesleklerin olmadığı anlamına gelmiyordu: Zanaatkârlar seramik işleriyle uğraşırken, tüccarlar ithal ettikleri ürünleri pazarlarda satar; üzüm yetiştiricileri bağlarıyla ilgilenir-

3 *Bir kral tarafından değil, seçilmiş görevlilerden oluşan bir grup tarafından yönetilen bir yer.*

ken, aktörler de tiyatrolarda gösteriler sunardı. Marangozlar mobilya üretir, öğretmenler gençleri yetiştirir, heki mler hastaları iyileştirir, rahipler de Yunan Tanrıları'nın çok sayıdaki süslü tapınaklarıyla ilgilenirlerdi. Elimizdeki bilgilerin çoğu; kültürü, siyaseti, denizaşırı ticaretiyle güçlü bir şehir devleti olan Atina'ya ilişkindir.

Muhalif şehir devleti Sparta'da yaşam çok daha farklıydı. Oradaki nüfus iki sınıfa ayrılıyordu: hüküm sahibi Spartalılar ve onların köleleri Helotlar. Bütün Spartalı erkek çocuklar altı yaşında ailelerinden alınır, devletin askeri olmak için eğitilirlerdi. Yaşam zordu, ama Sparta ordusu Yunanistan'ın tamamında en çok korkulan savaşçı güçtü.

Herhangi bir şehir devletinin yönetilme biçiminde kadınların pek söz hakkı yoktu. Onlardan çoğunlukla evde kalmaları, temizlik ve yemek yapmaları, çocuklara bakmaları beklenirdi. Aileleri yeterince zenginse, erkek çocuklar okutulurdu; ancak temel eğitimden ötesi genç kızlar için alışılmış bir şey değildi.

Şehir devletleri genelde savaş hâlindeydiler. Sağlam olan her erkeğin bu savaşlarda yer alması beklendiğinden, fiziksel yeterlilik çok önemliydi. Bütün şehir devletlerinde, erkeklerin arkadaşlarıyla buluşup birlikte egzersiz yapabildikleri açık spor alanları vardı. Güreş, koşu, cirit ve disk atmak en çok tutulan eğlencelerdi.

Yunanların Mirası

Antik Yunan uygarlığının bugünkü dünyamız üzerinde çok büyük bir etkisi olmuştur. -Yunanca *demos* (halk) ve *kratia* (iktidar) sözcüklerinden oluşan- "demokrasi"[4] dediğimiz siyasal sistem eski Atina'da geliştirilmişti.

4 *Her erkeğin ve günümüzde her kadının oy verebildiği siyasal sistem.*

Romalılar, Yunan edebiyatının büyük bir kısmını sonraki kuşaklar için korumuşlardır. Günümüz yazarlarının birçoğu; neredeyse üç bin yıl sonra bile geçerliliğini koruyabildiğini düşünerek, Yunan öykü ve şiirlerindeki konulara başvurmaktadırlar. Batı dünyasındaki her büyük kentte çevrenize bakın; belirgin üçgen alınlıkları[5] destekleyen yivli[6] sütunları olan "klasik" tarzda birçok bina göreceksiniz.

Platon ve Aristoteles gibi Yunan yazar ve filozoflar, hâlâ felsefe sınıflarının temel kaynağı olarak okunurken; Euripides, Sophocles (Sofokles) ve Aristophanes gibi yazarların oyunları da çağdaş tiyatrolarda hâlâ sahnelenmektedir. Yunanlar, teknoloji bakımından, sonradan onlara üstün gelen Romalılar kadar ilerlemiş değillerdi; ama bugün bile mühendislik ve sulamayla ilgili buluşları onlara borçluyuz; astronomi ve kent planlamasıyla ilgili gelişmeleri de unutmamak gerekir.

İngiliz dilinin çoğunu da aslında Yunanlara borçluyuz. Yunanların kullandıkları sözcükleri kullanmadan İngilizce konuşmanın neredeyse olanaksız olacağını söyleyenler vardır.

HEPHAİSTOS TAPINAĞI, ATİNA, YUNANİSTAN

5 *Sütunlar üzerindeki, derin olmayan, üçgen biçimli beşik.*
6 *Dikey oluklara sahip.*

POSEİDON
Denizlerin Tanrısı, yer sarsıntısını gönderir
HADES
Yeraltı Dünyası'nın hükümranı
ZEUS
Tanrıların Kralı, Olimpos Dağı'nın hükümranı
HERA
Zeus'un karısı, Tanrıların Kraliçesi
DEMETER
Çiftçiliğin ve Mevsimlerin Tanrıçası

AFRODİT
Aşk ve Güzellik Tanrıçası
ARES
Savaş Tanrısı
HEPHAİSTOS
Ateş ve Maden İşlemeciliği Tanrısı
ARTEMİS
Avcılığın, Bakirelerin ve Ayın Tanrıçası
APOLLO
Müziğin, Kehanetlerin ve Okçuluğun Tanrısı
ATHENA
Bilgelik Tanrıçası
HERMES
Tanrıların Habercisi

Yunan Mitolojisine Bir Giriş

Dünyanın nasıl işlediğiyle ilgili bilimsel bir bilgiye sahip olmadan çok uzun zaman önce, açıklamayı genellikle işin içine doğaüstü güçleri sokarak arıyorduk. "Mitoloji", Karanlık Çağlar'dan sonra yazılmaya başlanan öykülere verilen addır. Bunlar, dünyanın kökenlerinden, Tanrılar'ın kadın ve erkeklerin hayatlarına karıştıkları bir zamandan söz eden, karmaşık, bazen de çelişkili öykülerin bir derlemesidir. Bazıları, gerçekten olabilecek seyahatler ya da savaşlardan söz eden efsanelerdir. Örneğin, arkeologlar bu mitlerden bazılarında anlatılan tarih dönemlerine tarihlenen kalıntılar bulmuşlardır. Aslında çoğunda küçük de olsa bir gerçeklik payı olabilir. Yoksa bile, dünyayla ilgili başka bir "gerçek" yansıttıklarından metaforlar -başka bir Yunanca sözcük- olarak da değerlendirilebilirler.

Neredeyse bütün Yunan mitlerinde ölümsüz Tanrılar'dan ve insanların yaşamlarını nasıl etkilediklerinden söz edilir. Genellikle kadınlar ve erkekler, Tanrılar'ın uzaktan akrabaları ya da Tanrılar'ın oğulları, kızları ve ardılları olurlar. Bu da birçok karakterin, özellikle de güç ya da güzellik konusunda insanüstü nitelikleri olduğu anlamına gelir. Tanrılar'ın kendileri bizlere benzer gibi anlatılırlar; âşık olurlar, düşmanları vardır, kıskanırlar, öfkelenirler ya da açgözlülük yaparlar. İstediklerini alırlar, kendilerine karşı gelenleri cezalandırırlar. Bir Tanrı ya da Tanrıça tarafından kutsanmış olmak, bütün Tanrılar'ın ya da Tanrıçalar'ın sizi kutsayacağının güvencesi de değildir.

Öyküler şiir ya da oyun şeklinde anlatılırdı; ancak seyahat rehberlerinde, tarihçelerde ve ünlü tarihsel kişiler hakkındaki öykülerde de yer alırlardı. Bugün elimizde özgün kaynakların sadece bir bölümü olsa da, o dönemi zihnimizde canlandırabileceğimiz çok sayıda malzeme bulunmaktadır. Bunların arasında birkaç uzun şiir ile birkaç düzine tiyatro oyunu da vardır.

Bizim öykülerimiz nasıl değişiyorsa, Yunan mitolojisinin de durağan bir yapı sergilemediğini unutmamak çok önemlidir; bir öykünün tek bir anlatımı olduğu çok enderdir. İlk dönemlerde şiirler yazılmıyor, sözlü olarak kuşaktan kuşağa aktarılıyordu. Bu da Yunanistan'ın bir yerindeki bir ozanın bir öyküyü dinleyicilerine göre değiştirebileceği anlamına geliyordu. Ancak mitler, akademisyen olmayan bir okuyucu için savaşlar, cesaret, aşk, ölüm ve macerayla dolu etkileyici öykülerden ibarettir.

Yunan mitolojisinde, çok sayıda Tanrı ve yarı Tanrı vardı; ancak bunlardan en bilinenleri, yaşadıkları yer olduğuna inanılan Olimpos Dağı'ndan ötürü "Olimposlular" adını almışlardı.

BÖLÜM I

TİTANLARIN SAVAŞI

İnsanların yeryüzüne adım atmalarından çok önce, Zeus'un hükümran olduğu Olimpos'taki Tanrılar daha iktidarı ele almamışlarken, on iki anrıdan oluşan "Titanlar" diye adlandırılan bir grup vardı. Titanlar, Yeryüzü Tanrıçası Gaia ile Gökyüzü Tanrısı Uranüs'ün kızları ve oğullarıydılar. Uranüs, çocuklarından hiçbirine; özellikle de olağanüstü güçlü, tek gözlü devler olan Kykloplar'a hiç güvenmiyordu. Çocuklarını, Yeraltı Dünyası'nın derinliklerindeki bir hapishane olan Tartaros adında bir saraya kapatmıştı.

Ancak en küçük Kyklop olan Kronos, babasını devirdi ve kız kardeşi (aynı zamanda da karısı) olan Rhea ile birlikte hükmetmeye başladı. Kronos, tacını kaba kuvvetle koruyan, çok öfkeli, kıskanç bir Tanrı idi. Rhea ne zaman yeni bir çocuk doğursa, hemen kendisine getirilmesini ister ve çocuğu karısının gözü önünde yerdi. Bu hilekâr ve korkunç hareketiyle hiçbir varisinin hükümranlığını tehdit etmemesini güvence altına almış oluyordu.

Rhea çok uzun yıllar ona itiraz etmeyi göze alamamıştı; ama bir gün Zeus adında bir oğlan doğurdu. O kadar güzel bir bebekti ki, Rhea onu kana susamış kocasına vermek istemedi. Onun yerine, kundak bezlerinin içine büyük bir kaya sarıp onu verdi. Kronos durumdan kuşkulanmadı; bebek olduğunu düşünerek, elinde tuttuğu kayayı yutuverdi.

Rhea da oğlu Zeus'u, Kuretalar adında bir grup ruha verdi; bu ruhlar da bebeğini korudular. Kronos ne zaman yanlarına gelse, bebek Zeus'un ağlamalarını duymaması için büyük zillerine ve diğer çalgı aletlerine vurarak gürültü yaptılar. Zeus büyüdüğünde anneannesi Gaia'yı ziyarete gitti; Gaia da ona, Kronos'un şarabına koyması için özel bir zehir verdi. Ancak zehir Kronos'u öldürmedi, sadece hastalanmasına neden oldu. Bir anda midesinde ne varsa hepsini dışarı çıkardı; bunların arasında, Kronos'un daha önce yediği Zeus'un kız ve erkek kardeşleri de vardı. Bunlar Olimpos'un on iki Tanrısı olacaktı.

"Eski Tanrılar ile Yeni Tanrılar", "Titanlar ile Olimposlular" arasında büyük bir savaş başlar. Bu çok acı bir mücadeledir. Olimposlular, her birinin yüz tane eli olan ve Titanlara büyük kayalar fırlatan üç devden yardım alırlar. Zeus, tutsak Kyklopları Tartaros'tan çıkarır; onlar da minnetlerini göstermek için Olimposlular için özel silahlar hazırlarlar: Poseidon için ucu üç çatallı bir zıpkın, Hades için bir karanlıklar miğferi ve Tanrıların Kralı Zeus için de bir şimşek.

Savaş tüm hızıyla devam ederken, Titanlar püskürtülür. Birçoğu öldürülür, diğerleri de sonsuza kadar Tartaros'a hapsedilerek üç devin gözetimine bırakılır. Savaşa katılmayan Titanlar ise serbest kalır. Ancak Titan İapetos'un oğlu Atlas'a özel bir ceza verilir: Titanların yanında yer aldığı için gök kubbeyi sürekli o devasa omuzlarında taşıyacaktır. Diğer Titanların bir kısmı kaçar; kaçmayanların arasında Kronos da vardır. Ancak Zeus'un Olimpos Dağı'ndan gönderdiği şimşeklerden biri tarafından öldürülür.

Titanlar yok edildikten sonra, üç kardeş Zeus, Hades ve Poseidon, dünyayı kendi aralarında paylaşırlar. Hades Yeraltı Dünyası'nı,

Poseidon denizleri, Zeus da gök kubbeyi alır. Toprak Tanrıçası Gaia'nın elinde karalar kalmıştır; gene de üç erkek kardeş zaman zaman duruma müdahale edebilmektedirler. O zamandan sonra dünya, Olimposlular tarafından yönetilmeye başlar.

BÖLÜM II

İASON VE ARGONAUTLAR

Kral Aeson, Tesalya'da bir krallık olan İolkos'u adil bir şekilde yönetiyordu. Ancak her şey yolunda gitmemişti. Aeson'un erkek kardeşi, kötü kalpli Pelias kanlı bir ayaklanma başlatarak tahtı ele geçirmiş; Aeson'u esir almış, yerine geçecek kimse kalmaması için bütün çocuklarını öldürmüştü. İktidarına karşı herhangi bir tehdit oluşturmaması için de Aeson'un gebe olan kraliçesiyle evlenmişti. Herhangi bir sorun çıkmasından endişelenen Pelias, bir kâhine[7] danışmaya karar verdi. Kâhin ona şu kehaneti[8] söyledi:

"Ayağında sadece tek sandaleti olan adamdan kork."

---

7 *Ölümlülerin Tanrılar ile konuşmak için başvurdukları aracı. Bir rahip ya da rahibe, Tanrılar'ın iletisini genelde bir bilmece olarak dile getirirdi.*

8 *Gelecekle ilgili öngörü.*

Dönemin tanrıları, ölüm saçan insanlara iyi gözle bakmazlardı; üstelik Pelias bir Tanrıça'yı onurlandırmayı unutmuştu: Hera, Tanrıların Kraliçesi. O günden sonra Hera, Pelias'a karşı bir kırgınlık beslemeye başlamıştı.

Aeson'un gebe olan karısı, çocuğunu dünyaya getirdiğinde, çocuğun erkek kardeşinden olduğunu bilen Pelias'ın onu öldürteceğinden emindir. Bunun gerçekleşmesini engellemek için tüm hizmetkârlarından, Pelias'a bebeğinin doğum sırasında öldüğünü söylemelerini ister. Hizmetkârlar, yas tutma geleneğini yerine getirerek, kraliçenin odasında ağlayarak toplanırlar; göğüslerini döverler, saçlarını yolarlar. Hançeriyle hazırda bekleyen Pelias'ı da böylece kandırırlar.

Kraliçe, İason'u -oğluna bu adı vermişti- gizlice dağlara gönderir, orada Kheiron adındaki bir Kentaur'a[9] teslim eder. Kheiron, gözlerden uzak bir mağarada yaşamaktadır. İason'u kendi oğlu gibi yetiştirir; ona okuma yazmayı, ormandaki vahşi hayvanları avlamayı, bitkileri ilaç olarak kullanmayı öğretir.

İason ergenlik çağına geldiğinde İolkos'a dönmeye karar verir. Yıllardır gösterdiği nezaket için Kheiron'a teşekkür ettikten sonra, babasının tacını geri almak üzere evine doğru yola çıkar. İason, kırsal bölgelerden geçerken gözüne tuhaf görünen, kıyıya kadar yükselmiş bir nehre rastlar. Suyu kahverengi akan, üzerinde kocaman ağaç ve büyük kaya parçaları sürüklenen nehrin kıyısında yaşlı bir kadın oturmaktadır. Kadın, İason'a yüz yaşındaymış gibi görünür.

"Affedersiniz genç bayım," dedi kadın. "Beni nehrin karşısına taşıyabilir misiniz?"

---

9 *Bedeni ve bacakları ata, göğsü, başı ve kolları insana benzeyen bir yaratık.*

Kheiron İason'u iyi bir insan olarak yetiştirdiğinden, İason hemen yardım etmeyi kabul eder ve yaşlı kadını sırtına alır. Sonra da suya girer. Ama hem ilerlemek çok zordur hem de su buz gibi soğuktur. İason başını suyun üzerinde tutmaya çalışır; ancak sırtındaki kadını da bırakmaz. Öte kıyıya geçtiğinde, sert akıntı yüzünden sandaletlerinden birini kaybettiğini fark edince morali bozulur.

Tek tesellisi yolcusunun ona yardımları için minnettar kalmış olmasıdır.

"Tanrılar seni korusun," der kadın.

İason kadınla vedalaştıktan kısa süre sonra İolkos surlarına varır. İason'un bilmediği, yaşlı kadının aslında hiç de göründüğü gibi biri olmadığıdır. Kadın aslında Pelias'ın baş düşmanı Tanrıça Hera'dan başkası değildir.

İason sırılsıklam hâlde tek sandaletiyle doğrudan sarayya girer ve kralı görmek ister. Onu dinleyen herkese de tacın kendisine ait olduğunu söyler.

Pelias, İason'a şöyle bir baktıktan sonra kâhinin sözleri kulağında yankılanır: "*Ayağında sadece tek sandaleti olan adamdan kork.*"

Maiyetindekilerin[10] önünde korktuğunu göstermek istemediğinden, İason'u hemen orada öldürmek yerine, ona bir soru sorar:

"Birinden kurtulmak isteseydin, ama onu öldürmeye cesaret edemeseydin ne yapardın?"

İason hemen yanıt verir. "Onu imkânsız bir göreve gönderir, Altın Post'u almakla görevlendirirdim."

10 *Hükümranın sarayında bulunan insanlar.*

"Ya!" der Pelias, "Ne harika bir fikir!"

Altın Post, Kolkhis krallığında[11] bulunan büyülü bir hazineydi. Altın Post'un, Savaş Tanrısı Ares için kutsal olduğu söylenen bir koruda asılı durduğuna ilişkin öyküler anlatılırdı. Üstelik post, ateş püsküren bir ejderha tarafından korunmaktaydı. Birkaç cesur kahraman, bu postu almaya çalışmış, ama hepsi de ejderhanın püskürttüğü alevlerin içinde ya da sivri dişlerinin arasında ölümü boylamışlardı.

Pelias hemen saray halkını toplayarak, sessiz olmalarını ister.

"Kardeşimin oğlu olduğunu iddia eden bu genç adam, İolkos'un tacını istiyor. Ben de ona, taca layık olduğunu kanıtla diyorum. Altın Post'u getir ve krallık senin olsun!" der.

İason düştüğü tuzağın farkına varır; ama kalabalığın meraklı bakışları altında bu meydan okumayı reddetmesi mümkün müdür?

İason yanıt verir:

"Yapacağım," der, "ama bir tekneye ve iyi bir mürettebata ihtiyacım olacak." Saray halkı heyecanını gizleyemez. İason şehirdeki en iyi gemi yapımcısı olan Argos adında birine gider. Argos da İason'a daha öncekilere hiç benzemeyen bir gemi yapacağına söz verir. Bu, bir yunustan daha hızlı, Deniz Tanrısı Poseidon'un çıkaracağı en kötü fırtınalara bile dayanabilecek kadar güçlü bir gemi olacaktır. Argos, marangozlardan oluşan takımıyla işe koyulur.

---

11 Kolkhis, Karadeniz sahilinde, günümüzdeki Gürcistan'dadır.

İason'un çıkacağı deniz yolculuğuyla ilgili haberler bilinen dünyada yayılır. Çoğu kimse onun bu sefere çıkmak için deli olması gerektiğini söylerken, ona hayranlık duymaktan da kendilerini alamazlar. Ün kazanmaya hevesli olan küçük bir grup güçlü adam, gizlice İolkos'a girerek İason'a destek sözü verirler. Aralarında -yeni maceralara ara vermiş olan- dünyanın en güçlü adamı Herakles de vardır. İkiz kardeşler Kastor ve Polluks da gelirler. Müzisyen Orpheus da flütü ve lirini[12] alarak hizmetini sunar. O zamanlar için tuhaf olsa da, aralarında Atalanta adında bir de kadın vardır. Atalanta, ok atma yeteneği ile yürüme ve koşmadaki hızıyla ünlüdür.

Adını yapımcısından alan *Argo* adlı gemi tamamlandıktan sonra Hera, Bilgelik Tanrıçası Athena'dan gemiye son şeklini vermesini ister. Bunun üzerine Athena da *Argo*'nun önüne kendisine benzeyen bir baş[13] ekler. Başın konuşma gücü vardır; böylelikle Tanrıça, yolculukları sırasında onlara yardımcı olabilecektir.

12 *Telli bir çalgı.*
13 *Geminin ön kısmına yapılan süslü oyma.*

Birkaç ay sonra, adlandırıldıkları adla Argonautlar, İolkos limanından ayrılarak tehlikeler ve keşiflerle dolu harika bir yolculuğa doğru yelken açarlar.

Yolculuk Başlıyor...

Durdukları ilk yer Limni[14] olur. Hiç erkek bulunmayan bu ada sıradan bir yer değildir. Limni'deki kadınlar, Tanrıça Afrodit'e gerektiği gibi tapmadıkları için Tanrıça hepsini delirtmiştir. Bu delilik yüzünden, gecenin birinde adadaki tüm erkekleri öldürmüşlerdir. Ertesi sabah uyandıklarında erkeklerin ölülerini gören kadınlar yaptıklarına çok pişman olmuş, Tanrıça'yı bir daha görmezden gelmemeye yemin etmişlerdir.

Kadınlar, onca uzun süredir yalnız olduklarından Argonautların onlarla kalmalarını isterler; bu öneri denizcilere inanılmaz derecede cazip görünür. Aşkın büyüsüne kapılan denizciler, bir yıldan uzun süre Limni'de kalırlar. Bazılarının çocukları bile olur.

En sonunda güçlü Herakles'in sabrı tükenir. Bir gece ateşin çevresinde oturan arkadaşlarına döner.

14 *Ege Denizi'nin kuzeyinde, Yunanistan ile Türkiye arasındaki bir ada.*

"Biz burada ne yapıyoruz? Delirdik mi?" diye sorar.

"Susun," diye cevap verir Argonautlardan biri olan Telamon. "Burada yaşam çok güzel."

Ancak Herakles ayağa kalkar, kumları tekmeleyerek ateşi söndürür, İason'u omuzlarından yakalar.

"Sen bizim önderimizsin. Doğruyu senin bilmen gerekir. Bu kadınlar sana Altın Post'u bulmak için çıktığın yolculuğu unutturdular mı yoksa?"

Herakles'in söyledikleri İason ve adamlarını kendilerine getirir. Yaptıkları hatayı anlayarak şarap kadehlerini atarlar. Herakles haklıdır. Kahramanlar böyle davranmamalıdır; sabah olur olmaz yelken açmaya karar verirler.

Trajik Bir Yanlış Anlaşılma

Argo'nun mürettebatı daha sonra Kral Kyzikos tarafından yönetilen Dolionlar adında bir halkın yaşadığı kıyılara varır. İason'un yolculuğundan haberdar olan Kral, Argonautlara kibar davranır. Kyzikos'un limanına demir atarlar ve Kral onlara sarayında nefis bir ziyafet verir. Argonautlar, karanlık bastırmadan gemiye çıkarlar; ama hava kısa sürede kararır ve fırtına başlar. *Argo*, okyanusta beşik gibi bir o yana, bir bu yana savrulmaktadır. Yelkenleri paramparça olur; İason bir an önce karaya çıkamayacak olurlarsa hepsinin boğulacağını fark eder. Kürekçiler küreklere asılırken, dümenci[15] de gemiyi kayalık bir koya sokar.

Bitkin ve yorgun düşen Argonautlar kendilerini sahile atarlar. Ancak dinlenecek zamanları yoktur. Önlerinde yükselen tepe-

15 *Gemiyi yönlendiren kişi.*

lerde silahların parıldadığını görmüşlerdir; kısa süre sonra da tepedeki askerler sahile inerler. İason ve adamlarının soru soracak zamanları yoktur. Hemen kılıçlarını çekip kendilerini savunmaya çalışırlar. Çarpışma kısa sürer; öldürülen saldırganlar kumların üzerinde yatmaktadırlar. Ancak ertesi sabah olduğunda Argonautlar korkunç bir hata yaptıklarını anlarlar. Öldürdükleri düşman değil, Dolionlardır. İason hemen gider ve Kral Kyzikos'un karnından kılıcını çekip çıkarır.

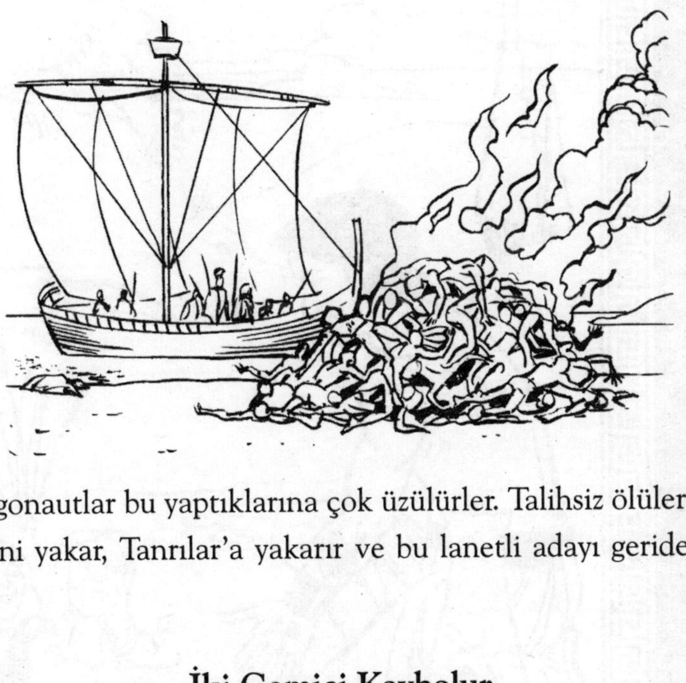

Argonautlar bu yaptıklarına çok üzülürler. Talihsiz ölülerin cesetlerini yakar, Tanrılar'a yakarır ve bu lanetli adayı geride bırakırlar.

İki Gemici Kaybolur

Yeniden yola koyulan Argonautlar, Küçük Asya'nın[16] kuzeybatı sahilindeki Misya'ya varırlar. Burada dinlenmeye karar verirler. Fırtınaya tutulan geminin onarılması gerekmektedir; yiyeceklerinin büyük bölümü güverteden suya düşmüş ya da tuzlu su yüzün-

16 *Günümüzde Türkiye.*

den bozulmuştur. İason ve adamları odun toplamaya gittiklerinde, Herakles'in hizmetkârı Hylas adındaki yakışıklı genci de bir nehir bulup su getirmesi için tulumlarla tepelere gönderirler. Hylas kısa sürede bir akarsuyun aktığı gölgelik bir koruya ulaşır. Ayna gibi berrak bir su birikintisinin önünde diz çöker ve tulumları omzundan yere bırakır. Tam o sırada suyun içinde bir şey hareket eder. Suya yaklaşan Hylas, çok güzel bir kadın yüzü görür. Gördüklerine inanamaz. Daha önce hiç gerçek bir Naiad[17] görmemiştir.

Hylas suya bakarken başka bir Naiad da ona doğru yüzer. Naiad'lar ona gülümseyerek, parmaklarıyla onu yanlarına çağırırlar. Hylas da onlara gülümser. Sonra üçüncü bir Naiad daha gelir. Naiad ona uzanır ve sular damlayan kolunu gölün içinden çıkarır. Hylas şaşkına dönmüştür. Naiad elini uzatıp onun yanağını, saçını okşar; birkaç dakika sonra elini ensesine dolamıştır. Daha sonra sıkı sıkı tutmaya başlar. Hylas mücadele eder; ama bir yararı olmaz. Naiad öteki kolunu da sudan çıkarır ve Hylas'ı kolundan yakalar. Hylas çığlık atar.

Aşağıda vadide hizmetkârının çığlığını duyan Herakles, elindeki baltayı fırlatır ve Hylas'ın en son göründüğü yola doğru koşmaya başlar. Gölün kenarına geldiğinde sadece tulumları bulur. Hylas kaybolmuştur.

Bu acı kayıp Herakles'i çok üzer. Argonautlarla geçirdiği zamanın dolduğuna karar verir. Artık Görevlerinin[18] başına dönecektir. *Argo* tamir edildikten sonra geminin suya indirilmesine yardım eder ve arkadaşlarıyla vedalaşır.

---

17 *Nehir ve su kaynaklarına bağlı olan, sularda yaşadığı söylenen dişi bir ruh.*

18 *Herakles, Zeus'un karısı Hera'yı kızdıran çok tanınmış bir Yunan kahramanıydı. Kitabın daha sonraki bölümlerinde anlatılacak olan Görevler adı verilen on iki insanüstü görevi tamamlaması istenmişti.*

Harpyalar

Yolculuklarına devam eden diğer cesur askerler, Trakya'daki[19] Salmydessus sahiline çıkarlar. Askerlerin burada karşılaştıkları Phineus adlı yaşlı adamın trajik bir öyküsü vardır. Tanrı Apollo tarafından geleceği görme yetisi verilen Phineus, ölümlü insanlara geleceklerini söyleyerek Tanrılar'ı kızdırmıştır. Zeus da ceza olarak onun görme yetisini almıştır; Phineus tamamen karanlıkta yaşayacaktır.

Zeus, işleri daha da zorlaştırmak için her gün Phineus'a üstü kızarmış etler, tatlı meyveler ve içebileceği kadar şarapla dolu bir masa hazırlayacaktır. Ancak Phineus her gün yemeğe oturduğunda gökyüzünden iki Harpya[20] inecek ve her şeyi çalacaktır. Eli kolu bağlı kalan Phineus ise yerdeki kırıntılarla yetinmek zorundadır.

Zavallı, kılıksız yaşlı adam, İason'a kendisine yardım etmesi için yalvarır; kahraman da bir koşulla yardım etmeyi kabul eder.

"Ne istersen!" diye haykırır Phineus.

"Yolculuğumun geleceğini bilmem gerekiyor," der İason. "Ne tür tehlikelerle karşılaşacağımı, nasıl üstesinden geleceğimi söyle bana."

Phineus kabul eder. İason ve adamları o gece sihirli ziyafet masasının altında uyurlar. Ertesi sabah güneş doğduğunda tepelerinde duran lezzetli yiyeceklerin kokusunu alırlar. Argonautlardan Peleus adında biri, masanın altından çıkıp yiyecekleri almak ister; ama İason onu durdurur.

---

19 Günümüzde Bulgaristan, Türkiye ve Yunanistan'ı kapsayan tarihî bölge.
20 Bir insan büyüklüğünde olan, kuş bedenli ve kadın başlı, kanatlı yaratıklar.

"Beklememiz gerekiyor," diye uyarır.

Phineus yemeğe oturduğunda, gökyüzünden çığlığı andıran bir ses yükselir. Harpyalar yaklaşmaktadır. İason masanın altından çıkarak onları karşılar. Siyah, dağınık tüyleri, bıçak kadar keskin pençeleri olan yaratıklar, İason'a doğru uçmaktadırlar. İason, geri çekilmek yerine kalkanıyla onlara vurur. Bu arada adamları da oklarını fırlatarak Harpyaları delik deşik ederler. Harpyalar ölüp yere çakılırlar. Phineus, İason'a sarılıp teşekkür eder.

İason adama anlaşmalarını hatırlattığı sırada yaşlı adam bir tavuk budunu çoktan dişlemiştir bile...

"Şimdi söyle bakalım bana ne salık vereceksin?"

Phineus ağzını siler.

"Buradan Kolkhis'e ve Altın Post'a gitmenin tek yolu Çarpışan Kayalar'ın arasından geçmektir. Yüzlerce gemi oradan geçmeyi denedi; yüzlercesi de kayalar kapandığında paramparça oldu. Yolu kontrol etmesi için önden bir güvercin gönderin ve küreklerinize asılın oğlum. Sakın durmayın, yoksa kesin ölürsünüz."

Çarpışan Kayalar

Phineus'u ziyafetiyle baş başa bırakan Argonautlar, Salmydessus'tan ayrılırlar. Çok geçmeden de önlerinde Phineus'un sözünü ettiği dar boğaz[21] belirir. O anda hava sakin göründüğünden, telaşın gereksiz olduğunu düşünürler. Ancak çevreye yakından bakan İason, her iki taraftaki kayalara sıralanmış gemi kalıntılarını görür. Kâhinin onlara söylediği gibi, adamlarına küreklere asılmalarını söyler. Sonra da elinde tuttuğu güvercini bırakır. Kuş kayaların arasına girer; daha kayaların arasındayken korkunç bir ses yükselir ve kayalık burunlar[22] birbirine yaklaşmaya başlar. Aradaki su, ev büyüklüğündeki kayaları içine alır. Gün ışığı kaybolur; kayalar birbirine çarpar. Kayalar yeniden açılmaya başladığında, İason adamlarına yeniden emir verir.

"Bütün gücünüzle küreklere asılın dostlar!"

Orpheus, Argonautların daha hızlı kürek çekebilmelerini sağlamak için davulunu çalar ve açılan kayaların arasına girerler. Yarı yola geldiklerinde kayalar olağan yerlerine çekilmişlerdir; ancak çok geçmeden yeniden kapanmaya başlarlar.

"Daha hızlı!" diye bağırır İason. "Daha hızlı çekin, yoksa ezileceğiz!"

Orpheus davuluna daha hızlı vurur; adamlar da daha hızlı kürek çekmeye başlarlar. Kan ter içinde kalmışlardır, kasları kopacak gibi ağrımaktadır. Kayalar kapanmaya devam ederken, İason bir ara işlerinin bittiğini düşünür. Ancak kalan son güçlerini de kullanan Argonautlar küreklere asılırlar ve gemi boğazın öbür yanına geçer.

---

21 *İki kara kütlesinin arasındaki su kanalı.*

22 *Kara kütlelerinin denize uzanan kesimleri.*

Altın Post

İason, Kolkhis'e vardığında, Kral Aietes onu gördüğüne pek memnun olmaz. İason'un neden geldiğini gayet iyi biliyordur. Altın Post'u almasını istemediğinden, ödül olarak Altın Post'u almayı hak edebilmesi için İason'un iki görevi yerine getirmesini ister. Bunlardan ilki, bir çift öküze koşum takımlarını geçirerek sihirli bir tarlayı sürmektir. İkinci görevi ise tarlaya bir ejderha dişi dikmektir.

İason, öküzleri görene kadar görevin ne kadar zor olduğunu düşünmemiştir; öküzler ondan hem daha yüksektirler hem de keskin bronz toynakları vardır. Daha da kötüsü burun deliklerinden ateş çıkmaktadır. Neyse ki İason beklenmedik birinin yardımını görür: Kral Aietes'in kızı Medea. Hera'nın isteği üzerine Tanrıça Afrodit, oğlu Eros'u[23] gönderip prensesi büyülemesini, Medea'nın İason'a âşık olmasını sağlar. Medea da İason'a sihirli bir merhem verir; bu merhem İason'un öküzlerin nefesinden zarar görmemesini sağlayacaktır.

---

23 *Aşk Tanrısı.*

İason büyük zorluklarla koşum takımlarını canavarların başına geçirmeyi başarır. Canavarlar koşulduktan sonra, onları Kral Aietes'in tarlasına götürerek, tarlanın istenildiği gibi sürülmesini sağlar. İlk görevi tamamlanmış olur.

Ejderha dişi dolu keseyi alan İason, bunları tohum gibi toprağa atar. İlk diş toprağa değer değmez topraktan bir kılıç çıkar. Sonra bir tane daha, bir tane daha... Derken her yer yavaş yavaş, kılıçlarını çılgın gibi sallayan savaşçılarla dolar. İason ne yapacağını bilemez. Bu kadar adamla tek başına mücadele etmesi imkânsızdır. O anda Medea tekrar yardımına koşar. İason'a ordunun ortasına bir kaya fırlatmasını söyler. İason, söyleneni yapar. Bu kaya savaşçıların kafasını karıştırır. Kayanın nereden geldiğini bilemediklerinden, birbirlerine saldırmaya başlarlar. İason adamların birbirlerini öldürmelerini seyreder. Kısa sürede tarla ölü bedenlerle dolmuştur.

Kralın verdiği görevleri tamamlayan İason, o gece Ares'in Korusu'na gitmeye koyulur. Koruya yaklaşınca, kurumuş bir ağacın dallarında asılı duran Altın Post'un parıldadığını görür. Postun

asılı olduğu ağacın gövdesini kendisine siper etmiş bir ejderha vardır. Ejderha, İason'un yaklaştığını anlayınca devasa kafasını kaldırıp dişlerini gösterir. İason buna da hazırdır. Hemen çantasına uzanır, bir parça et çıkarır. Bu ette, Medea'nın hazırladığı uyku ilacı vardır.

Ejderha ona doğru ağır ağır ilerlerken, İason da eti ejderhanın ağzına atar ve olacakları seyretmek için bir kayanın arkasına saklanır. Canavar iştahlı bir şekilde eti çiğner ve yutar. Birkaç saniye etin tadını çıkardıktan sonra kafası sallanmaya, gözleri kapanmaya başlar ve büyük bir gürültüyle ağacın dibine devrilir.

İason hiç tereddüt etmeden pullarla kaplı canavarın üzerine tırmanır ve Post'u ağaçtan çekerek indirir. Post o kadar ağırdır ki, güçlükle taşır; yine de sırtındaki hazineyle birlikte zar zor *Argo*'ya binmeyi başarır. Medea'yı da alarak, adamlarıyla oradan ayrılır.

Kral Aietes, İason'un peşine düşmeye çalışır; ancak Medea babasına bir kez daha ihanet eder. Erkek kardeşi Apsyrtos'u esir almıştır. Bir anlık bir öfkeyle onu parçalara ayırır ve bedenini denize atar. Parçalanmış ceset kıyıya vurduğunda, Kral Aietes artık onları izlemeye devam edemez. Zavallı oğlu için gözyaşı döker ve Tanrılar'a lanetlerini gönderir.

Bronz Dev Talos

Tanrılardan biri kralın lanetini duymuş olacak ki *Argo*'nun İolkos'a dönüş yolculuğu da gidişi kadar tehlikelerle dolu geçer. Gemi, Girit Adası'na doğru rotadan çıkar. Orada Talos adında bronz renkte bir dev yaşamaktadır. Argonautlar yaklaşınca, dev onlara kocaman kayalar fırlatmaya başlar. Devi geçmenin hiçbir yolu yokmuş gibi görünmektedir.

İason eve bu kadar yaklaşmışken yenilgiyi kabul etmemeye kararlıdır. Devin zayıf bir noktası olması gerektiğini düşünür. *Argo* kıyıdan uzaklaşırken, yanına birkaç adam alarak küçük bir sandalla adanın görünmeyen bir yerinde karaya çıkar. Talos'a gizlice arkadan yaklaşır ve aradığı zayıf noktayı görür: Devin bileğinde otuz santim uzunluğunda bronz bir tırnak vardır. Talos denize taş atmaya devam ederken, İason ve adamları sürünerek Talos'un yakınına iyice sokulurlar. Bir ip atarak tırnağın ucuna geçirirler. Daha sonra da var güçleriyle ipi çekmeye başlarlar.

Talos aşağı bakmayı akıl ettiğinde çok geç kalmıştır. Tırnağı çıkar ve devin koyu yeşil kanı kumlara akmaya başlar. Talos öfkeyle haykırır; sesin etkisiyle kayalar sallanır. Dev, bir dizinin üzerine çökerek eliyle kanı durdurmaya çalışır; ama kan parmaklarının arasından fışkırmaya devam eder. Öne doğru devrilmeye başlayan dev gümbürtüyle yere düşerken, İason ve adamları olabildiğince hızlı davranarak oradan uzaklaşmaya başlarlar. Önlerindeki son engel de ortadan kalkmıştır.

Sonunda *Argo*, Altın Post'u ele geçirmek için yola çıktıktan yıllar sonra İolkos limanına vardığında, bu gösteriye tanık olmak için bir sürü insan toplanır. İason, Post'u gururla sarayın merdivenlerinden çıkarır. Kral Pelias artık yaşlanmıştır, ama iktidar hırsı hâlâ eskisi gibidir. İason onuruna bir ziyafet düzenler; gizlice de intikam almanın planını yapmaktadır. Medea'nın güçlü bir büyücü olduğunu öğrenmiştir; kızlarına Medea'yı ziyaret etmelerini, İason'la savaşabilmek için kendisini yeniden genç yapacak bir iksir hazırlamasını istemelerini söyler.

Medea, kızlara babalarının yeniden gençliğini kazanmasının tek bir yolu olduğunu anlatır. Onlara kralın bitkin bedeni yeniden canlandıracak iksirin malzeme listesini verir. Buna göre, babalarının bedenini parçalamaları, parçaları iksirle birlikte kazana atmaları gerekmektedir. Böylece kral yirmi yaşında bir erkek olarak yeniden doğacaktır.

Ziyafet hazırlanırken, Pelias'ın kızları keskin bıçaklarla babalarının odasına girerler. Pelias onların geldiğini görür ve ne yaptıklarını sorar.

"Seni yeniden genç biri yapacağız!" der kızlardan ilki hançeri saplarken...

"Yarın çok farklı bir adam olacaksın," der öbür kızı ve o da hançeri saplar.

Böylece Pelias'ın ölümü kızlarının elinden olur. Kızlar babalarının bedeninin parçalarını kazana atarlarken, Medea yanlarında belirir. Elbette ki başından beri yalan söylemiştir. Pelias'ın aslında geri geleceği yoktur!

BÖLÜM III

THESEUS VE MİNOTAUR

Bu, savaşan Atinalılar ile Giritliler, babalar ile oğullar, aşk ve ihanet üzerine bir hikâyedir. Bu, bir Yeraltı mezarında insan etiyle midesini dolduran bir canavarın ve onunla karşı karşıya gelmeye cesaret eden bir kahramanın öyküsüdür.

Girit Kralı Minos, sıradan insanların düşleyebileceklerinin ötesinde çok güçlüydü. Altınla dolu bir hazinesi, onu seven bir kraliçesi, bütün Yunanistan'ın kıskandığı Androgeos adında bir oğlu vardı. Prens uzun boylu, yakışıklı bir gençti ve atlet olarak yarışmalarda kazandığı zaferlerden ötürü zeytin dalı çelenklerle[24] ödüllendirilmişti. Bir mızrağı herkesten uzağa fırlatabilir, koşuda herkesi geçebilirdi.

---

24 *Yaprak ya da çiçek halkalarıyla yapılan süsleme.*

Ancak böylesine beceri, tabii ki kıskançlık doğururdu. Kıskançlık da kimi zaman ölümcül olabiliyordu.

Androgeos'un başarılarından rahatsızlık duyan Atina Kralı Aigeus da kazandığı başka bir zafer sonrasında evine dönen prensi bir grup silahlı suikastçıya öldürtür.

Androgeos'un kanlar içindeki cesedi babasına götürülür. Kral Minos, acı ve öfkeden çılgına döner ve intikam almaya yemin eder. Savaş gemilerinden büyük bir filo hazırlayarak Atina'ya yelken açar ve Kral Aigeus'a haber gönderir: Ya teslim olacak ya da yok olacaksın!

Aigeus ne yapacağını bilemez. Savaşmalı mıdır teslim mi olmalıdır? Rahiplerini, ölümlülerin Tanrılarla konuşabildikleri bir yer olan Delfi'de bulunan Kâhin'e gönderir. Kâhin, Aigeus'a şehrini kurtarabilmek için Kral Minos'un her emrine uyması gerektiğini söyler. O da öyle yapar. Kral Minos'a belirleyeceği koşullara uyacağını bildirir. Ancak düşmanının aklından geçen korkunç düşüncelerden habersizdir.

Minos'un isteği aslında çok basittir:

"Yedi yılda bir Atina'ya gelecek, şehrinizden dokuz genç adam ve dokuz genç bakire alacağım."

"Ne için?" diye sorar Aigeus.

Minos sırıtır: "Minotaur'a yem olacaklar."

Aigeus dehşete düşer. Atina'da herkes Minotaur'u duymuştur; ama bu mitin doğru olduğundan kimse emin değildir. Minos'un karısı Kraliçe Pasiphae'nin kutsal bir boğa[25] tarafından büyülen-

25 *Boğayı aslında Poseidon, kardeşlerinden de adil bir kral olduğunu kanıtlamak için Minos'a armağan olarak vermişti. Tek koşulu, Minos'un boğayı daha sonra kendisine kurban etmesiydi. Ancak Minos bunu yapmadı. Poseidon da bu yüzden Pasiphae'nin bu yaratığa âşık olmasını sağladı.*

diği ve kocasından ziyade, bu hayvanla zaman geçirmeyi yeğlediği söylenir. Kraliçe, boğa ile olabilmek için de Yunanistan'ın en meşhur zanaatkârlarından biri olan Daidalos'tan yardım almıştır. Daidalos, Kraliçe'nin içine saklanabileceği bir inek maketi yapmıştır.

Pasiphae gebe kalınca, Minos çok heyecanlanır; tüm krallığına bu iyi haberi verir. Ancak doğum günü karabasana dönüşür. Bebek tuhaf şekilde biçimsizdir; bir insan bedenine sahip olmasına karşın, başı bir boğa kafası gibidir. Minos sonunda kutsal boğayla ilgili gerçeği ve Daidalos'un inek maketini öğrenir. Karısının, korkunç bir büyü yüzünden kendisinden değil, hayvandan bir çocuğu olmuştur.

Minos çocuğu öldürmek ister; ama Pasiphae ona engel olur. Bir anlaşmaya varırlar: Yaratık için kralın sarayının altında özel bir yer yapılacaktır. Minotaur da orada, gözlerden uzakta yaşayacaktır. Peki, canavarın kaçmayacağından nasıl emin olacaklardır? Hatasını düzeltmek isteyen Daidalos, krala, canavarın kaçışını engelleyecek, içinden çıkılamayacak dolambaçlı yollardan oluşan bir labirent yapabileceğini söyler. Minos da bu labirentin yapılmasını emreder.

Böylece Minos, yedi yılda bir, siyah yelkenli bir tekneyle Atina'ya gidecek, seçtiği dokuz genç kadın ile dokuz genç erkeği alacaktır. Bu kadın ve erkekler, canavarın korkunç dişleri arasında ölümle buluşacakları ana kadar, duvarlarından Minotaur'un salyaları akan labirentin karanlık dehlizlerinde bırakılacaklardır. "Oğlumun hayatı için yerinde bir bedel," diye düşünür Kral Minos.

Bu yük, yıllar geçtikçe Atina Kralı Aigeus'un omuzlarına ağır gelmeye başlar. Ödeme zamanı geldiğinde Tanrılar'a adaklar adar, acısına son vermelerini ister. Bir gün yakarışları kabul görür; ancak bu yanıt beklediği biçimde değildir.

Çok uzaklardan, Theseus adında biri Aigeus'un sarayına gelir. Kahramanlıklarıyla, büyük gücüyle tanınan biridir. Aigeus'un bilmediği, Theseus'un aslında kendi oğlu olduğudur!

Uzun yıllar önce, Aigeus daha genç bir kralken, Pittheus'un krallığına gitmiş ve kralın güzeller güzeli kızı Aithra'ya âşık olmuştur. Aigeus'un Atina'ya dönme zamanı geldiğinde, Aithra ona gebe olduğunu ve Tanrılar'ın çocuğun erkek olacağını bildirdiklerini söyler. Aigeus, Aithra ile kalmak ister, ama Aithra buna izin vermez.

"Senin yönetmen gereken bir krallığın var. Yetişkin bir erkek olduğunda onu Atina'ya gönderirim," der. Aigeus üzülerek oradan ayrılır, arkasında anı olarak büyük bir kayanın altına bir kılıç bırakır.

"Oğlum bu kayayı kaldırdığında Atina'ya gelmeye hazır olacaktır," der.

Aithra çocuğunu yalnız doğurur. Çocuk, Tanrıların öngördüğü gibi, bir erkektir. Oğluna Theseus adını verir. Aigeus bundan habersizdir; kahraman, Aigeus'un kapısına geldiğinde, kralın Medea[26] adındaki karısı, bu ziyaretçiden şüphelenir.

"Senin tacını almaya gelmiş," diye kralı uyarır. "Bırak da onu zehirleyeyim."

26 *İason'un Altın Post'u çalmasına yardım eden Medea!*

Medea'yı çok seven yaşlı Aigeus kolayca ikna olur ve Medea'nın ziyaretçinin şarabına zehir katmasına izin verir. Uzun yolculuğundan yorgun düşen Theseus kadehi dudağına doğru götürür... Aigeus, o anda Theseus'un kılıcının mücevherlerle süslü kabzasını görmemiş olsaydı öykü burada bitebilirdi; ama yıllar önce kayanın altına bıraktığı kılıç, gözlerinin önündedir. Kadehi hemen Theseus'un elinden çekip alır. Baba ve oğul sonunda birbirlerini bulmuşlardır. Theseus, on sekizinci yaş gününde annesinin onu bir kayaya götürdüğünü ve altında bu kılıcı bulduğunu babasına anlatır. Annesi Aithra, artık babasını Atina'da aramasının zamanı geldiğini söylemiştir.

Medea üvey bir oğlun ortaya çıkmasından nefret etmektedir. Kocası öldüğünde, oğlu Medus tahtın varisi olamayacaktır. Aigeus'u Theseus'a karşı kışkırtmaya çalışır; ama bu Aigeus'u öfkelendirmekten başka bir işe yaramaz. Aigeus, küçük bir öfke anında Medea'yı sarayından kovar.

Theseus babasını bulduğuna çok sevinir; ama krallığın içinde bocaladığı kötü durumu görünce mutluluğu hüzne dönüşür. Minotaur'a bir sonraki adağın sunulmasına az bir süre kalmıştır. Kral Minos'un cezası insanların üzerine kara bir bulut gibi çöker. Herkes Minotaur'un bir sonraki kurbanlarının kim olacağını merak eder.

Theseus'la ilgili haberler hemen Kral Minos'un kulağına da gitmiştir. Bu yüzden kurbanlarını seçmek için gemisiyle Atina'ya geldiğinde listesinin başında bu ad vardır: Theseus. Aigeus ona yeniden düşünmesi için yalvarır. Onun tek oğlunu nasıl alır? Minos kararında ısrarlıdır.

"Oğula karşı oğul; yeterince adil," diyerek kararından dönmez.

Theseus asla mücadeleden kaçan biri değildir. Cesurca öne çıkar. Babasını gözleri yaşlı bırakarak Minos'un teknesine atlar. Babasının tek bir isteği vardır.

"Eğer eve geri dönersen oğlum, beyaz bir yelken aç. Böylece senin sağ olduğunu anlarım."

Theseus gitmeye o kadar heveslidir ki, babasının söylediklerini duymaz bile.

Kral Minos'un teknesi Girit'e vardığında, halk kutlama için limanda toplanmıştır. Aralarında Theseus'un daha önce hiç görmediği kadar güzel bir kadın vardır. Kadının yeşil gözlerindeki arzuyu görür ve ilk bakışta ona âşık olduğunu anlar. Limandaki bir askere, kahverengi bukleleri, gülleri andıran gülümsemesi olan bu kadının kim olduğunu sorar.

"O, Prenses Ariadne. Kral Minos'un tek çocuğu."

"Onunla tanışmak isterim," der Theseus.

Asker kahkaha atar. "Hiç şansın yok... Sen yarın labirente gidiyorsun."

Theseus o gece kapatıldığı odada sabahı beklerken, sarayın kapısından gelen hafif ayak sesleri işitir; az sonra da ağır kapı yavaş yavaş açılır. Gelen Ariadne'dir. Birbirlerine olan aşklarını dile getirirler. Ariadne babasından nefret ettiğini, Theseus'un Minotaur'un hücresine gönderilmesine izin veremeyeceğini söyler. Theseus da ona ülkesinin kadın ve erkeklerini bu kötü yazgıyla baş başa bırakmak istemediğini anlatır. Minotaur'u öldürmesine yardım edip edemeyeceğini sorar.

Ariadne elinden gelen bir şey olsa seve seve yapacağını, ama Theseus canavarı öldürse bile labirentten çıkmanın mümkün olmadığını söyler. Sorunun çözümü ancak labirenti tasarlayan Daidalos tarafından bulunabilir. Daidalos, Ariadne'ye, Theseus'un bir ip yumağına ihtiyacı olduğunu söyler. Theseus'un yapması gereken, içeri girerken ipin bir ucunu kapıya bağlamaktır.

Theseus sarayın bahçesinin yakınında olan labirentin kapısına geldiğinde neredeyse gece yarısı olmuştur. Ariadne'nin söylediklerini yaparak ipin bir ucunu kapıya bağlar. Theseus karanlığa doğru ilerlerken, prenses tedirgin bir hâlde onu izlemektedir.

Theseus labirentin dolambaçlı tünellerinde ilerlerken korkudan saçlarının diken diken olduğunu hisseder. Labirentte hiç ışık yoktur; sessizlik -suyun damlaması, ayakları altındaki kemiklerin çatırdaması- her sesi daha da güçlendirir. Bir eliyle kıvrılan tünel duvarlarının soğuk kayalarına dokunur. Öbür eliyle de kılıcının kabzasını tutar. Saatlerce yürümüş gibidir ve yüreğinin çarpışı kulaklarında çınlamaktadır.

Neden sonra, derinden gelen hırıltılı bir ses duyar. Theseus gözlerini kıssa da hiçbir şey göremez. Hırıltı sesleri giderek yaklaşır ve kısık bir iniltiye dönüşür. Theseus kılıcını kaldırır. Ansızın ona doğru gelen bir gürültü duyulur. Theseus emin olana kadar bekledikten sonra kılıcını sert bir hamleyle karşısındakine indirir. Devasa bir şey, acı dolu bir ses çıkararak Theseus'a çarpar ve düşer. Theseus da yere yığılır. Bir anda hiç ses duyulmaz olur.

Parmakları soğuk ve pürüzsüz bir şeye değene kadar karanlığın içinde ilerleyen Theseus, dokunduğu şeyin şeklinden bunun bir boynuz olduğunu anlar. Sonra diğer boynuzu da yakalar. Boynuzlar, fıçı büyüklüğünde tüylü bir kafaya aittir. Gözleri kapalıdır. Bedeni birkaç adım ötede yerde durmaktadır. Minotaur'un kafasını bedeninden ayırır.

Zaferine sevinen Theseus labirentten çıkıncaya kadar ipi izler; canavarın başını da yanında sürüklemektedir. Dışarı çıktığında şafağın loş ışığıyla karşılaşır. Ariadne onun yanında getirdiği kafayı görünce dehşete kapılır, sonra da kendini kahramanının kollarına bırakır.

Minotaur'un kafasını labirentin girişine koyan Theseus ve Ariadne, diğer mahkûmları serbest bırakmak için saraya girerler. Sonra da Minos'un teknesinin hâlâ bağlı olduğu limana ulaşırlar. Demir alıp Atina'ya doğru yelken açarlar.

Muhafızlar ne olup bittiğini anladıklarında, Minos öfkeden çıldırır. Kaçan mahkûmların peşine düşmek için hemen limana gider; ama bütün filosunun Theseus tarafından batırıldığını görür. Elinden gelen tek şey, Atina'nın kahramanının kızıyla birlikte yelken açıp gidişini izlemektir.

Yolculuk sırasında çıkan fırtına, Theseus'u Nakşa Adası'na sığınmak zorunda bırakır. O gece kumsalda, ateşin başındayken, Ariadne'ye onu Atina'nın kraliçesi yapacağını söyler; o da Theseus'a olan aşkının sonsuza kadar süreceği sözünü verir. Ariadne ertesi sabah uyandığında Theseus ve diğer Atinalıların ortada olmadığını görünce şaşırır. Kimse Theseus'un onu neden orada bıraktığını bilemez. Belki de ona başından beri yalan söylemiş ya da sinsi bir Tanrı aklını başından almıştır.

Bir şey kesindir: Theseus bunun bedelini ödeyecektir. Gemi, Atina limanına yaklaştığında; babasının beyaz yelken açması isteği, Theseus'un aklına bile gelmez. Bir tepeden şehre bakmakta olan Aigeus ise siyah yelkenli bir geminin yaklaştığını görür. Bunun tek anlamı vardır: Sevgili oğlu ölmüştür. Acıdan yıkılan Kral, kendini kayalıklardan atar. Theseus ve mürettebatı Atina'ya vardıklarında herkesin yas tuttuğunu görürler.

Ariadne'ye ne olmuştur peki? Sonunda denizi gözyaşlarıyla doldurmaktan bitkin düşer ve dinlenmek için uzanır. Nakşa aslında Şarap ve Eğlence Tanrısı Dionysos'un evidir. Ariadne'ye acır ve onunla evlenir. Ariadne uzun yıllar sonra öldüğünde, Dionysos onun evlilik tacını alır, sonsuzluğa kadar onu onurlandırmak için yıldızların yanına koyar.

BÖLÜM IV

HERAKLES'İN ON İKİ GÖREVİ

Tanrılar için zaman kavramı çok farklıdır; bizim dünyamızda çok uzun yıllar gibi görünen zaman, onlar için göz açıp kapayıncaya kadar geçer. Bu yüzden kocası Zeus'un, Alkmene adında ölümlü bir kadından çocuğu olduğunda, Tanrıça Hera hemen harekete geçmez. Bunun yerine çocuk büyüyene, kendi ailesini kuruncaya kadar bekler, intikamını ondan sonra alır. Hera, Herakles adındaki bu gence bir delirme büyüsü yapar; bu da onun şiddete dayalı bir bunalım geçirmesine neden olur. Herakles uyanıp da çevresinde karısı ile çocuklarının ölü bedenlerini görene kadar neler olduğunu anlamaz.

Herakles çok büyük utanç duyar. Sevdiği herkesi yok etmiştir; kimsenin yüzüne bakamaz hâldedir. Sonunda arkadaşı Theseus, kendini toparlamasını ve Tanrılar'dan af dilemesini söyler. Herakles de hemen Delfi'deki Kâhin'e gider, işlediği korkunç suçun bedelini ödeyebilmek için ne yapması gerektiğini sorar. Kâhin'in yanıtı, Tiryns Kralı Eurystheus'a gidip onun için on iki görevi yerine getirmesi gerektiği olur.

Herakles hemen kralın sarayına giderek, kendini onun ayaklarının dibine atar. Herakles'ten yıllarca nefret eden Eurystheus'un[27] eline, onun yaşamını zehir etmek için bulunmaz bir fırsat geçmiştir. Bu yüzden aklına gelen en olanaksız işleri sıralar. Önce, çiftlik hayvanlarını ve insanları yiyen korkunç canavar Nemea aslanını öldürmesini ister. Derisinin kalınlığı nedeniyle hiçbir silahın işe yaramadığı canavarı çıplak elleriyle boğan Herakles, sonra da derisini yüzer ve pelerin olarak sırtına geçirir.

Eurystheus daha sonra Herakles'in Lerna Gölü'ne gitmesini ve sularda gezinen canavarı öldürmesini ister. Bu, yedi başlı deniz yılanı Hidra'dır. Herakles yanına aldığı orakla hayvanın başını keser; ama kestiği her başın yerine yeni iki baş çıkar. Çözümü Herakles'in yeğeni İolaos bulur. İolaos bir meşale alır ve Herakles ne zaman başlardan birini kesse, hemen ateşi kanayan yaraya bas-

27 *Eurystheus da Herakles de, Perseus adlı bir kahramanın torunlarıdır. Eurystheus aynı zamanda Herakles'ten nefret eden Tanrıça Hera'nın şampiyonuydu.*

tırarak, iki baş çıkmasına engel olur. Böylece Herakles, Hidra'nın hakkından gelir ve canavarın bedeni sonsuza kadar sulara gömülür.

Kral Eurystheus olanlara çok öfkelidir. Herakles'in yaratıkları öldürme konusunda çok iyi olduğunu anlayınca, bir sonrakini canlı yakalamasını ister. Kyreneia, Tanrı Artemis için kutsanmış dişi bir geyiktir. Bu geyiğin bir oktan daha hızlı koştuğunu ve uçabildiğini söylerler. Herakles bir yıl boyunca geyiğin peşinden gider ve sonunda bir akıntıda su içmek için durunca onu yakalar.

Eurystheus artık ne yapacağını bilemez haldedir; Herakles'i şimdiye kadar çıktığı en tehlikeli göreve gönderecektir: Erymanthos Dağı'nda yaşayan kızgın bir yaban domuzunu yakalamalıdır. Herakles, dostu olan insan başlı at Kheiron'dan yardım ister. Kheiron ona bu görevi yerine getirmenin en iyi yolunun, yaratığı derin karlarla kaplı bir dağa sürmek olduğunu söyler. Herakles de domuzu bir yamaca doğru sürer ve arkasından büyük bir ağ atar, sonra da sürükleyerek saraya götürür. Kral Eurystheus, yaban domuzunun kırmızı gözlerini ve devasa sarı dişlerini görünce şaşkınlığından neredeyse tahtından düşecek gibi olur.

Kral daha sonra Herakles'ten pis bir iş yapmasını ister: Elis Kralı Augias'ın ahırlarını bir günde temizleyecektir. Augias, ahırlarında yüzlerce pis kokulu hayvan beslemektedir; üstelik yirmi yıldır ne samanlarını değiştirmiş ne de ahırın yerlerini süpürtmüştür. Herakles bir kez daha akıllı yeğeni İolaos'a danışır; oturup bir plan yaparlar. Birlikte, bir nehrin aktığı yakındaki bir vadiye tırmanırlar. Herakles o muazzam gücünü kullanarak, taşları nehrin yoluna iter. Böylece nehrin akış yönünü kralın ahırlarına çevirmeyi başarırlar. İolaos da ahırın kapılarını açar; bir anda içeri giren su, ne kadar süprüntü ve pislik varsa silip süpürür.

Eurystheus sonraki görev için Herakles'i Stymphalos bataklığına gönderir. Orada bir kuş sürüsü yaşamaktadır. Pirinçten pençeleri, bronzdan kanatları olan bu kuşlar, Savaş Tanrısı Ares'in en sevdiği hayvanlarıdır. Ama kuşlar yerel halkı korkutmakta, pislikleri de nehirleri ve ekini zehirlemektedir. Kuşların en kötü yanı ise geçtikleri yerdeki hayvanları, hatta çocukları da kapıp götürmeleridir.

Herakles'in ilk sorunu kuşların dışarı çıkıp savaşmamalarıdır; çünkü kuşlar onun namını duymuşlardır, o yüzden ağaçların tepesindeki yuvalarında güven içinde oturup dururlar. Herakles de demircilerin kutsal Tanrısı Hephaistos'tan yardım ister. Hephaistos, kahraman için bir çift bronz klaket[28] yapar. Herakles bu aletleri birbirine çarptığında öyle bir gürültü çıkar ki, kuşlar yuvalarından çıkmak zorunda kalırlar. Herakles de gökyüzündeki bu tehlikeli kuşları oklarıyla vurarak çabucak öldürür.

Eurystheus'un emirleri üzerine Herakles daha sonra Kral Minos'un hüküm sürdüğü Girit Adası'na gider. Korkusuz bir boğa tarlalarda gezinmekte, yanına gelen herkesi ezip geçmektedir. Herakles artık gösteriş yaptığından, Giritli Boğa'yı öldürmez, elleriyle yakalar ve Kral Eurystheus'un sarayına kadar götürür. Kral önce hayvanı Tanrıça Hera'ya kurban etmek ister; ama Tanrıça bunu reddeder. Nefret ettiği biri olan Herakles'ten gelen böyle bir kurbanı kabul etmesi söz konusu değildir. Boğa sonunda Marathon düzlüklerine bırakılır ve yıllar sonra Theseus adında bir kahraman onu yakalayana kadar orada mutlu gezinir durur.[29]

Kral Eurystheus, Biston soyunun kralı olan Diomedes adında-

---

28 *İki parça ahşap ya da metalden yapılan, birbirine çarpınca yüksek ses çıkaran bir müzik aleti.*

29 *Bu boğa, yarı insan yarı boğa olan Minotaur'la karıştırılmamalıdır.*

ki devden uzun zamandır nefret etmektedir. Bu kraldan dünyada herkes korkmaktadır; çünkü elinde insan yiyen dört at vardır. Eurystheus, Herakles'ten bu atları evcilleştirmesini ister; ama bu hiç de kolay olmayacaktır. Demirden dişleri olan kısraklar, insanı parçalara ayırabilmektedirler. Herakles hem atların hem de Diomedes ve Bistonların üstesinden tek başına gelemeyeceğini bildiğinden, yanına Abderus adında bir arkadaşını alır.

Herakles gece karanlığında sürünerek Diomedes'in ahırlarına gider ve atları bir arabaya bağlar. Ancak atları ahırdan çıkarırken toynaklarının ve öfkeli homurtularının çıkardığı sesler yüzünden kral uyanır ve Bistonlara saldırmaları için emir verir.

Herakles, arkadaşı Abderus'u atların yanında bırakarak, askerlerle mücadeleye girişir ve yüzlercesini öldürür. Ancak atların beklediği gemiye geri döndüğünde, Abderus'un ortalarda olmadığını görür. Atlardan birinin ağzında arkadaşının kanlı giysilerinin parçasını bulur. İlk kez olmasa da Herakles kendini kaybeder. Öylesine öfkelenir ki, çarpışa çarpışa Diomedes'in sarayına kadar gider ve devi yakalar.

"Atların bugün güzel beslenecekler!" der, sonra da kralı kendi canavarlarının önüne atar. Atlar ondan sonra bir daha hiç insan eti yemez.

Kral Eurystheus, dokuzuncu görevi için kahramanımızı, kadın savaşçı Amazonların yaşadığı topraklara gönderir. At binen bu güçlü kadın ordusu, Savaş Tanrısı Ares'in kızı Kraliçe Hippolyte tarafından yönetilmektedir. Herakles'in teknesi kıyıya yaklaştığında Hippolyte ona hemen âşık olur ve kendi isteğiyle ona korsesini[30] verir. O gece birlikte eğlenirler.

30 *Kadınların bellerine sardıkları bir tür kuşak.*

Tanrıça Hera işe karışmasaydı, Herakles buradaki görevini çok kolay tamamlayabilirdi. Herakles ve Hippolyte ateşin başında uyurlarken, Amazon kılığına giren Hera, Olimpos'tan iner. Diğer bütün kadınlara Herakles'in kraliçelerini kaçırmaya geldiğini söyleyerek savaş başlatır. Herakles uyandığında, adamlarıyla birlikte saldırıya uğradığını görür; karşılık vermekten başka çaresi kalmadığını anlar. Çatışma sırasında fırlattığı bir ok, talihsiz bir şekilde Hippolyte'nin göğsüne isabet eder. Büyük üzüntü duyan Herakles eve döner. Bu öldürdüğü ikinci kadındır ve hepsi Hera'nın ona duyduğu nefret yüzündendir.

Herakles'in onuncu görevi, çok uzaklarda; batıdaki denizlerde yaşayan, farklı bir dev olan Geryoneus ile karşılaşmaktır. Her ne kadar tek bir bedene sahip olsa da Geryoneus'un altı kolu, altı bacağı, üç de başı vardır! Eurystheus'un verdiği görev, Geryoneus'un iki başlı köpeği Orthos'la birlikte koruduğu ünlü sürüyü yakalamaktır. Orthos'un başına sopayla vuran Herakles, köpeğin işini bitirir.

Ancak Geryoneus çok hilebaz bir rakiptir. Elinde üç kalkan, üç mızrak taşır, her bir başına da kalın bir miğfer geçirmiştir. Aslında Herakles'in gizli bir silahı vardır. Lernalı Hidra'yı öldürdükten sonra, zehirli kanından birazını küçük bir kavanoza koymuştur.

Okunu bu zehirli maddeye batırır ve dosdoğru Geryoneus'un kalbine nişan alır. Kollarını, bacaklarını sağa sola savuran, öfkeyle haykıran dev oracıkta ölür. Herakles, Güneş Tanrısı Helios'un ona verdiği, içine sürüyü de alacak kadar büyük olan özel altın bir kâseyle birlikte deniz yoluyla evine döner.

Eurystheus, Herakles'i tekrar gördüğüne hiç de memnun olmaz. Onu bu sefer kesinlikle başaramayacağını bildiği bir göreve gönderir: Hesperidler'in bahçesindeki kutsal elmaları getirecektir. Bunlar aslında Tanrıça Hera adına bahçeye bakmakla görevli olan üç Nympha'dır.[31]

Herakles, bahçeye girmeyi başarsa bile Hera'nın yaşamasına izin vermeyeceğini bildiğinden, dolambaçlı bir yol izlemeye karar verir. Gök kubbeyi omuzlarında taşıyan Titan Atlas'ın yardımına ihtiyacı vardır. Atlas, Hesperidler'in babası olduğundan, herhangi bir sorun yaşamadan bahçeye girebilecektir. Ancak Herakles onu nerede bulacağını bilemez. O yüzden de önce Tanrıların ateşini çalıp ölümlülere verdiği için Zeus tarafından bir kayaya zincirlenen Titan'ı, Prometheus'u görmeye gider. Prometheus'un karaciğeri her gün bir kartal tarafından parçalanmakta, akşam yenisi çıkmaktadır.

Herakles, Atlas'ı nerede bulacağını söyleyecek olursa Prometheus'u serbest bırakacağına söz verir. Prometheus bunu hemen kabul eder ve Herakles zincirini kırar kırmaz kahramanımızı Atlas'ın gök kubbeyi taşıdığı yere götürür. Titan binlerce yıldır orada gök kubbeyi taşıdığından, Herakles ondan elmaları getirmesini istediğinde bir koşul öne sürer;

"Gök kubbeyi bir süre sırtında taşırsan, istediğin her şeyi yaparım."

Herakles bunu kabul eder, Atlas da dikkatlice gök kubbeyi kahramanın omuzlarına bırakır. Sonra da elmaları almak için Hera'nın bahçesine gider. Herakles bekler, bekler; Atlas sonunda geri döner.

"Tamam," der Herakles. "Hadi artık değişelim."

---

31 *Nympha'lar (ya da Nemf'ler), ölümsüz dişilerdir. Sıklıkla ormanlar, nehirler ve mağaralarda yaşarlar.*

Oysa Atlas bu değiştirme işine pek hevesli değildir. Omuzlarında öylesine büyük bir yük olmadan yaşamanın rahatlığını hatırlaması, Herakles'i reddetmesine neden olur. Atlas'ın yer değiştirmeye yanaşmaması üzerine Herakles öfkesine hâkim olmaya çalışır.

"Pekâlâ," der. "Eğer gök kubbeyi ben taşıyacaksam, o zaman en azından önce giysimi düzeltmeme yardım et. Bir saniye tutabilir misin?"

Atlas kabul eder etmez gök kubbeyi hemen ona veren Herakles elmaları alıp uzaklaşır. Titan da kendi aptallığına yanar.

Herakles hemen Eurystheus'un sarayına gider, zafer kazanmış bir edayla elmaları sallayarak içeri girer; ama Kral zalimce gülmekle yetinir.

"Aferin Herakles," der. "Vereceğim son görev ölümün olacaktır."

Herakles'ten, Yeraltı Dünyası'nın muhafız köpeği Kerberos'u kendisine getirmesini ister. Bu zor görev Herakles'in bile korkuyla yutkunmasına neden olur. Kerberos sıradan bir köpek değildir; cehennemden gelmiştir; üç başı vardır, tüyleri zehirli yılanlarla doludur. Ancak gözü pek Herakles hemen kılıcını kuşanır ve Yeraltı Dünyası'nın kapısı sayılan Taenarum Gölü'ne gider.

Gölgelerin arasından yeryüzünün derinliklerine doğru iner. Yeraltı Dünyası'nın Tanrısı Hades'in tahtına varır. Görevini açıklar ve canavarı geri götürmek için izin ister. Hades de kabul eder ama Herakles, Kerberos'u sadece kaba kuvvet kullanarak evcilleştirmelidir.

Mücadele bir günden uzun sürer; Herakles ile canavar yerlerde yuvarlanırlar, ikisi de umutsuzca birbirine üstünlük sağlamaya çalışır. Sonunda Herakles, Kerberos'un boyun eğmesini sağlar ve onu Kral Eurystheus'a götürür.

Kral, Kerberos'un hırladığını ve çenesini sıktığını duyunca, dosdoğru boş küplerden birinin içine atlar. Kafasını çıkarıp bakar ve bu kadarının yeterli olduğunu söyler. Köpeği, Yeraltı Dünyası'na geri göndermesi ve bir daha geri gelmemesini sağlaması için Herakles'e yalvarır.

Herakles bu emri memnuniyetle yerine getirir. Görevi artık bitmiş, ailesinin ölümü için gerekli olan bedeli ödemiştir.

BÖLÜM V
TEB'İN LANETİ

Bilinen ünlü mitlerin çoğu, yazgılarından kaçmaya çalışan ölümlülerle ilgilidir; Oidipus ile Teb'in laneti de istisnai bir durum değildir. Bir Kâhin, Teb Kralı Laios'a oğlu tarafından öldürüleceğini söyler. Bunun üzerine Kral, karısı İokaste bir erkek çocuk doğurunca, çocuğu üzülerek de olsa bir çobana verir ve onu dağlara götürüp öldürmesini ister. Bebeği öldüremeyeceğini anlayan çoban, bacaklarından bir sarmaşığa doladığı çocuğu bir ağacın dalından sarkıtır.

Yoldan geçen bir köylü, soğuktan titreyerek ağlayan çocuğu bulmamış olsaydı, her şey orada sona erebilirdi. Ancak köylü çocuğa acır, sarmaşığı keserek onu indirir. Köylü çok yoksuldur; bebeğe bakacak gücü de yoktur.

Korint diye adlandırılan krallığa giderek, bebeği sarayın kapısına bırakır.

Olaylar şöyle gelişir: Korint Kralı Polybus'un çocuğu olmamıştır. Kapısına bırakılan bu çocuğu evlat edinir, ona Oidipus[32] adını verir. Oidipus çok iyi yetişir ve aslında Korint prensi olmadığını hiç bilmez. Yirmi yaşına girdiğinde bir kâhini görmeye gidinceye kadar mutlu bir yaşam sürer. Kâhin ona, babasını öldürüp annesiyle evleneceğini söyler.

Bu kehanet Oidipus'u şimşek çarpmışa döndürür. Bunun gerçekleşmesinden çok korkar. Babasını ve annesini çok sevdiği için böyle korkunç bir yazgıdan kaçmanın tek yolunun Korint'ten hemen ayrılıp izini kaybettirmek olduğuna karar verir. Bu yüzden yanına sadece birkaç parça giysi ve biraz yiyecek aldıktan sonra, gece yarısı kuzeye doğru yola çıkar.

Bir sonraki gün Teb'e giderken, arabasıyla karşıdan gelen yaşlı bir adamla karşılaşır. Adam yanından geçip gitmek yerine, arabasını doğrudan Oidipus'un üstüne sürer; bir yandan da Oidipus'a yoldan çekilmesi için bağırır. Genç Oidipus, gururlu bir prens ol-

32 *Oidipus Yunanca "şiş ayak" anlamına gelir. (Şişmek "oidein" ve ayak "pous" kelimelerinin birleşimi)*

duğu için, sıradan bir köylü gibi emir almaya alışkın değildir. Araba tam üstünden geçecekken, eline bir çit kazığı alır ve arabanın sürücüsüne fırlatır.

Kazığın kafasına denk geldiği adam anında ölür. Oysa Oidipus, gerçek babası olan Teb Kralı Laios'u öldürdüğünden habersizdir. Cesedini yolun kenarına gömerek, Teb'e doğru yola çıkar.

Oidipus, şehri, kadın başlı ve kanatlı bir aslan olan Sphinks adlı bir canavar tarafından harap edilmiş bulur. Bu korkunç yaratık, tarlalardaki ekinleri yemiş, nehirleri kurutmuştur. Bu yaratığı öldürmenin tek yolunun, Teb'den birinin Sphinks'in bilmecesini çözmesi olduğu söylenir. Birçok kişi bilmeceyi çözmeyi denemiş, ama başarısız olmuştur. Yanlış cevap vermenin cezası, aslanın dehşetengiz dişleri arasında ölmektir.

Teb Kraliçesi İokaste, kocasının da bilmeceyi çözmek için yola çıktığını, ama dönmediği için ölmüş olduğunu düşündüğünü Oidipus'a söyler. İokaste aslında kocasının katiliyle konuştuğunu bilmez.

Oidipus cesur bir adamdır, akıllı olduğunu da düşündüğünden Sphinks'in karşısına çıkmayı kabul eder. Canavarın yaşadığı mağaraya giderek kendini tanıtır:

"Ben Oidipus, buraya senin bilmeceni çözmeye geldim!"

"Pekâlâ," der Sphinks. "Söyle bakalım: Sabahları dört, öğleden sonraları iki, akşamları da üç ayaklı olan şey nedir?"

Oidipus birkaç saniye düşünür ve Sphinks tam öne atılıp onu yiyecekken konuşmaya başlar:

"Yanıt insan; bebek olarak doğar, yerde emekler. Yetişkin olduğunda iki ayağının üzerinde yürümeye başlar. Yaşlandığında, yani hayatının sonlarına doğru bir bastonla yürür, üç ayaklı olur."

Birden Sphinks'in çığlık attığını, beyaz sıcak alevlerle kaplı bir topa dönüştüğünü görür. Lanet böylece kalkar ve Oidipus hemen Teb'e döner. Orada bir kurtarıcı ve kahraman olarak karşılanır. İokaste de duyduğu minneti göstermek için onunla evlenir, onu kral yapar.

Kral ve kraliçe olarak birlikte krallığı uzun yıllar mutlu bir şekilde yönetirler; dört çocukları olur: İkiz oğulları Eteokles ve Polyneikes ile kızları Antigone ve İsmene.

Çocuklar doğduktan kısa süre sonra Teb'de korkunç bir veba salgını başlar; yüzlerce kadın, erkek ve çocuk hayatını kaybeder. En iyi hekimlere başvurmalarına, insanların gece gündüz Tanrılar'a yakarmalarına karşın ölümler sürer. Oidipus sonunda Tiresias adında bir falcıya[33] danışır.

"Bu salgını durdurmak için ne yapmam gerektiğini söyle bana," diye yalvarır.

"Nedenini aramayı bırak," diye uyarır Tiresias. "Bu sadece sana zarar verir."

Ancak Oidipus ısrar eder. Teb'in neden böyle bir şeyle karşı karşıya kaldığını söyleyebilecek Yunanistan'daki herkesi huzuruna çağırır. Sonunda yaşlı bir çoban öne çıkar.

"Ben size söyleyebilirim Teb Kralı," der. "Ancak gerçeklerden pek hoşlanmayacaksınız."

---

33 *Gelecekten haber veren kişi.*

Sabırsızlanan Oidipus, konuşmayacak olursa kırbaç cezası vereceğini söyler.

"Pekâlâ," der çoban. "Siz aslında sandığınız gibi Polybus'un oğlu değilsiniz. Babanız, öldürdüğünüz adam Laios'tur."

Oidipus önce ona inanmaz. Ancak çoban, çocukken onu alıp dağlara götürdüğünü ve bir dala astığını anlatır. Bir gezginin bebeği aldığını görmüştür. Oidipus dizlerinin üstüne çöker. Kâhin'in kehaneti gerçekleşmiştir. Babasını öldürmüştür. Aklına sonra daha da kötüsü gelir: "Annemle evlendim. Ondan çocuklarım oldu!"

Bu olanlar kısa sürede duyulur. Hemen sonrasında saraydan yükselen bir çığlık Oidipus'un kulağına kadar gelir. Kapılar birden ardına kadar açılır, bir hizmetkâr kız dışarı fırlar. Korkunç haberi verirken gözlerinden yaşlar gelir. "İokaste efendim, sizin karınız, sizin anneniz öldü! Kılıcınızla kendini öldürmüş!"

Oidipus yaptıklarının dehşeti içinde hançerini alır ve kendi gözlerini oyar. Bundan böyle dünyaya görmeyi istemez.

BÖLÜM VI
PERSEUS VE MEDUSA

Argos Kralı Akrisios, kendi torununun ellerinde öleceğini bir kâhinden öğrenmiştir. Tek çocuğu Danae adındaki kızı olduğu için, onu asla koca bulamayacağı ve çocuk sahibi olamayacağı bir kuleye kapatır. Ancak Tanrılar bir şeye karar verdiğinde onları durdurmak, yazgıdan kaçmak imkânsızdır. Zeus, bir yağmur damlası şeklinde Danae'nin yanına gelir ve onu gebe bırakır. Erkek olan çocuğu doğduğunda Danae, ona Perseus adını verir.

Kral Akrisios bundan çok endişelenir; ancak Zeus'u kızdırmaktan korktuğundan, bebek Perseus'u öldürmez. Onun yerine en iyi ikinci şeyi yapar. Askerlerinden, Danae ve oğlunu büyük bir sandığa koyup denize atmalarını ister. Ölecek olurlarsa, Zeus'un okyanuslara hükmeden kardeşi Poseidon'u suçlayabileceğini düşünür Akrisios.

Hemen Poseidon'la konuşan Zeus, ondan sandığı korumasını ister. Poseidon, dalgaların azalmasını sağlar ve sandık sonunda Seriphos[34] Adası'nda kıyıya vurur. Sandığı Diktys adında bir balıkçı bulur. O da Seriphos Kralı Polydektes'in erkek kardeşidir.

Kral, Danae'yi görür görmez beğenir, onu kraliçesi yapmak ister ve anne ile çocuğunu ayırır. Danae'yi kendisiyle birlikte yaşaması için saraya götürür. Perseus da Diktys ile büyüyerek balıkçılığı öğrenir. Ancak Polydektes, Perseus'un bir gün annesini kurtarmaya geleceğinden endişelidir. Bu yüzden Perseus'tan tamamen kurtulmak için bir plan yapar.

Polydektes, atları çok seven bir kadın olan Hippodamia ile evlenecekmiş gibi yapar. Bu yüzden de krallığındaki en önemli lortlardan ve Perseus'dan, düğün hediyesi olarak birer at ister. Perseus'un at alacak parası olmadığını çok iyi bilmektedir. Çocuk da Polydektes'in sarayına gelir ve kendisi için hazırlanan tuzağa düşer.

"Size bir at veremem," der. "Ancak istediğiniz başka ne varsa getirebilirim."

Polydektes sinsi sinsi güler.

"O zaman bana Medusa'nın başını getir" der, bütün saray halkının duyacağı bir sesle.

Perseus o anda hatasını anlar. Medusa, Gorgonlar olarak bilinen üç kız kardeşten biridir. Bir zamanlar çok güzel bir kadınken, Tanrıça Athena tarafından korkunç bir canavara dönüştürülmüş-

34 *Günümüzde Serifos olarak bilinen, bugünkü Yunanistan'ın doğusunda, Ege Denizi'ndeki Kiklad (Cyclades) Adaları'ndan biridir.*

tür. Artık yüzü yaşlı bir kadının yüzüdür; saçlarında da bir sürü yılan vardır. Söylenenlere göre, korkunç gözlerine bir kez bakan anında taşa dönüşmektedir.

Ancak krala söz veren Perseus günlerce ne yapacağını düşünür durur. Bırakın Medusa'yı öldürmeyi, onu nerede bulacağını bile bilmemektedir. Yardım Tanrı Hermes ile Athena'dan gelir. Ona üç hediye verirler. İlk hediye kıvrımlı, adamant[35] bir kılıçtır; ikincisi baktığında kendini görebileceği kadar parlak cilalanmış bir kalkandır. Bunlar Medusa'yı öldürmesinde ona yardımcı olacaktır. Son hediye ise Hermes'inkilere benzeyen bir çift özel sandalettir. Sandaletlerin yanlarında, Perseus'un bir kuş gibi uçmasını sağlayacak küçük kanatlar vardır. Ama hâlâ Medusa'nın nerede olduğunun cevabı ortada yoktur.

"İyi güzel de Medusa'yı nasıl bulacağım?" diye sormaktan kendini alamaz Perseus.

Athena, "Bunu onun kuzenleri Gri Cadılar'dan öğrenebilirsin," diye akıl verir.

Perseus onlara teşekkür eder ve kanatlı sandaletlerini kullanarak havalanır.

Gri Cadılar, soğuk ve nemli bir mağarada yaşayan, üç yaşlı kadındır. Üçü de kördür; ama ortak kullandıkları, tek bir gören göze sahiptirler. Perseus mağaranın girişinde yere iner; iki büklüm, iğrenç görünümlü cadıların içeride ateşin başında çömeldiklerini görür.

Cadılar ayak seslerini duyunca hep birden ona dönerler. Gözü olan cadı sırıtır ve şöyle der:

35 *Elmas kadar sert olan efsanevi bir taş.*

"Bu genç bir adam!"

"Bana Medusa'yı nerede bulacağımı söyleyin hemen!" der Perseus sertçe.

Cadı gözü çıkarır, yanındakine verir.

"Sana söylemeyeceğiz!" der ikinci cadı. Perseus'un kaybedecek zamanı yoktur. İkinci cadı gözü öteki cadıya verirken, Perseus öne atılır ve gözü yakalar. Üç korkunç kadın bir anda çığlıklar atmaya başlarlar, tırnaklarını ona geçirmeye çalışırlar; ama Perseus onların görmeden yaptıkları saldırılardan kolayca kurtulur.

"Size son kez soruyorum, bana Medusa'yı nerede bulabileceğimi söyleyin," der.

Gri Cadılar'ın artık başka seçenekleri yoktur; Perseus'a bilmek istediği şeyi söylerler. Perseus gözü mağaranın uzak bir köşesine fırlatır ve oradan uzaklaşır. Arkasından üç cadının karanlıkta çırpındıklarını duyar.

Perseus, Medusa'nın yıkılmış evinin kalıntıları arasında yaşadığı kuzeye doğru yola çıkar. İlk dikkatini çeken bahçesindeki heykeller olur. Her boy ve ağırlıktaki erkek heykellerin hepsinin de elinde silah vardır. Heykellere daha yakından bakar. Çok gerçekçi görünürler! Perseus hemen gerçeği anlar, damarlarında kan daha hızlı dolaşmaya başlar.

Bunlar aslında heykel değildir. Hepsi gerçek insanların taşa dönüşmüş hâlleridir!

Hepsi Medusa'nın korkunç yüzüne bakınca taşlaşmışlardır. Perseus omuz silker ve evin boş koridorlarında ilerler. Birden fısıltıya benzer bir şey duyar. Başka bir kurban heykelin arkasına saklanıp beklemeye başlar. Fısıltı aslında daha çok tıslamaya benzer ve giderek yaklaşır. Perseus, Medusa'nın gözlerinin içine doğrudan bakacak olursa kendisinin de koridorlarda duran heykellerden bir farkı kalmayacağını bilir.

"Ne yapabilirim?" diye sorar kendi kendine. "Ona bakamayacaksam, onu nasıl öldürebilirim ki?"

Tıslama artık birkaç metre öteden gelmeye başlamıştır. Birden aklına kalkanı gelir! Kalkanını kaldırarak cilalı yüzeyini bir ayna gibi kullanır. Gorgon canavarının yansımasını kalkanında ilk kez gördüğünde bir anda korkudan buz keser; ama en azından taşlaşmaz. Medusa'nın üzerinde uzun beyaz bir giysi vardır ve havada uçar gibi hareket etmektedir. Perseus'un en çok dikkatini çeken ise başı olur. Saçlarından kıvrım kıvrım yılanlar çıkmaktadır; yüzü kalın çizgilerle doludur. Gözleri alev alev yanan korlar kadar kırmızıdır. Perseus kılıcının kabzasını tutar ve başarmak için yakarır.

"Burada olduğunu biliyorum," diye tıslar Medusa. "Seninle konuşurken yüzüme bak!"

Perseus gözlerini kalkandaki yansımadan ayırmadan bekler. Medusa tam yanına geldiğinde de gözlerini kapayarak öne fırlayıp, kılıcını sallar. Kılıcının bir şeye isabet etmesiyle hırıltılı bir çığlık duyar. Gözlerini açtığında Medusa'nın başının yanındaki basamaklardan yuvarlandığını görür.

Perseus ödülünü hemen bir torbaya koyar ve Seriphos'a geri döner. Ancak maceraları henüz bitmemiştir. Eve uçarak dönerken, geçmekte olduğu Etiyopya krallığında gözüne tuhaf bir görüntü ilişir. Bir kayaya zincirlenmiş çok güzel ve genç bir kadın görür. Hemen oraya iner ve kadının yanında durur.

"Burada ne yapıyorsun?" diye sorar.

Kadın adının Andromeda olduğunu söyler. Annesi onun güzelliğiyle böbürlenerek Tanrılar'ı kızdırdığı için bir deniz canavarına kurban olarak verilmeye mahkûm edildiğini anlatır. Perseus önce inanmaz ama arkasından bir kükreme sesi gelir; dönüp baktığında, dalgaların arasından devasa bir canavarın çıktığını görür. Düşünecek zamanı yoktur.

Andromeda'ya gözlerini kapatmasını söyleyen Perseus, Medusa'nın başını torbadan çıkararak denize doğru tutar. Deniz yaratığının gözleri kocaman olur, yeşil pulları anında griye dönüşür; dişleri birbirine geçer, donakalır. Canavar taş kesilmiştir! Büyük bir gürültüyle sulara gömülür. Bir taş gibi batar. Perseus, krallığı büyük bir kötülükten kurtarmış, Andromeda'ya özgürlüğünü vermiştir. Daha sonra geri dönüp onunla evlenecektir; ancak ondan önce aklında daha önemli şeyler vardır.

Seriphos'a geri döndüğünde, Kral Polydektes'in gerçekten de annesi Danae'yle evlendiğini ve onu sarayında hapis tuttuğunu öğrenir. Kral tekrar Persesus'u gördüğünde şaşırır; askerlerine bu küstah çocuğu öldürmelerini emreder. Ancak kahraman bu sefer hazırdır. Gene torbadan Medusa'nın başını çıkarır ve korkunç yüzünü düşmanlarına gösterir. Polydektes de dâhil herkes taşa döner, oldukları yere kök salarlar.

Annesi artık özgür olduğundan öykü burada sona erebilir; ancak Tanrılar'ın hâlâ yerine getirmeleri gereken bir kehanet vardır -ki Tanrılar verdikleri sözleri tutmaya bayılırlar. Perseus, Larissa[36] adındaki bir yerde gerçekleşecek atletik oyunlarda yarışmaya karar verir. Disk yarışmasına da orada katılır. Sıra ona geldiğinde bütün gücünü toplar, diski savurur. Disk stadın dışına çıkıp gözden kaybolur. Perseus bile kendi gücüne inanamaz! Bazı seyirciler, bu işte Tanrılar'ın parmağı olduğunu bile söylerler. Belki haklıdırlar da; çünkü daha sonra diskin dışarıda yürüyen bir adama çarpıp öldürdüğü fark edilir.

Bu elbette torunu tarafından öldürüleceği kendisine söylenmiş olan Argos Kralı Akrisios'tur.

36 *Günümüzde Yunanistan'ın orta bölgesinde bir şehir.*

BÖLÜM VII

KALYDON DOMUZU AVI

Bir kahramanın yeterli olmadığı zamanlar da söz konusudur. Kalydon yaban domuzunun öyküsünde de böyle bir kahraman anlatılır. Kalydon ülkesi, Oineos adında bir kral tarafından yönetiliyordu. Krallığının yarısı üzüm bağlarıyla dolu olan Kral da ürettiği şaraplarla ünlüydü. Kral Oineos her yıl bütün Tanrılar için adaklarda bulunurdu; çünkü her Yunan'ın bildiği gibi, iyi şansın anahtarı Olimpos Dağı'ndaki Tanrılar'ı hoş tutmaktan geçiyordu.

Ancak Kral Oineos, bir yıl Tanrıça Artemis'i onurlandırmayı unutarak, büyük bir hata yapar. Buna çok sinirlenen ve diğer Tanrılar'ı kıskanan Artemis, bu unutkanlığı nedeniyle Oineos'u cezalandırmaya karar verir. Ceza ola-

rak üzüm bağlarına iri, huysuz bir yaban domuzu salar. İnek kadar büyük olan bu yaratığın bıçak kadar keskin tüyleri, uzun sarı dişleri vardır. Domuz kısa sürede bütün ülkeyi mahvedip, bağları üzüm yetiştirilemez duruma getirir.

Oineos ne yapacağını bilemez. Krallığındaki insanlar, şehrin surlarından dışarı adım atmaktan bile korkar olmuşlardır. O da Yunan dünyasının her yerine ulaklar göndererek, yaban domuzuyla karşılaşacak ve krallığını bu korkunç, yıkıcı yaratıktan kurtaracak kadar cesur bir adam olup olmadığını sordurur.

Yunan kahramanlar bu tür meydan okumalara bayılırlardı; kısa süre sonra her yerden erkekler gelmeye başlar. Aralarında Tanrılar'ın oğulları, bazı Argonautlar, Odysseus'un babası Laertes, hatta Atina'daki büyük Theseus'un da bulunduğu düzinelerce adam vardır. Bir tek Herakles gelmez; çünkü o zaten Tanrılar tarafından gönderilen bir domuzu bağlamıştır ve artık kanıtlaması gereken bir şey yoktur. Gelenlerin arasında "kahramanlar çağı"nda çok tuhaf bir durum olmasına karşın, bir de kadın vardır. Kadının adı Atalanta'dır ve dünyanın her yerinde hızıyla tanınmıştır. Rüzgârdan bile hızlı koştuğu söylenir. Diğer avcılardan bazıları buna pek sevinmezler; bir kadının onlara katılmasına izin verilmemesi gerektiğini düşünürler. Kral Oineos'un oğlu olan Meleagros, av partisine önderlik eder.

Meleagros'un ilginç bir geçmişi vardır. Doğumundan sonra üç gece, üç Kader Tanrıçası, Meleagros'un annesi Althaia'ya görünmüşlerdir. Ona oğlunun ancak evlerindeki ocakta özel bir kütüğü sürekli yakarsa yaşayacağını söylemişlerdir. Althaia elbette hemen kütüğü ateşe atmıştır ve o günden beri de orada durmaktadır. Meleagros'un av sırasında güvende olması için, kendi iki erkek kardeşini, Tokseus ve Pleksippus'u da onunla gönderir.

Avcılar yaban domuzunun saklandığı ormana girdiklerinde, ölümcül darbeyi ilk kimin vuracağı konusunda çok heyecanlıdırlar. İçlerinden bazıları yaban domuzunun aslında Tanrılar tarafından gönderilmediğini, Kral Oineos'un olayı abarttığını bile iddia ederler. Argonautlardan olan Eurytion adında biri de yaratığı sadece ellerini kullanarak bile devirebileceğini söyler.

Kısa süre sonra ormanın derinliklerinde domuzun izini bulurlar. Önlerinde bir dalın kırılma sesi gelir; yerde de izler vardır. Hemen, mızraklarını atmaya hazır tutarak dağılırlar. Yapraklar kımıldar ve ilk mızrağı Peleus adında bir avcı atar. Bir çığlık duyulur. Yaprakları aralayan Peleus, mızrağının arkadaşı Eurytion'un karnına saplandığını görür. Bu talihsiz olaydan sonra herkes büyük bir sessizliğe bürünür.

Avcılar yavaş yavaş ağaçların arasına dalarlar; sonra domuz yeniden saldırır. Avcılar domuzu ilk gördüklerinde korkudan donakalırlar. Ankaeus kasıklarından boynuzlanır ve acı içinde ölür. Yere devrilmiş ağaçların, ormandaki ırmakların üzerinden atlayarak, hayvanı bir kez bile gözünün önünden ayırmadan kovalamaya başlayan ilk avcı Atalanta olur. Diğerleri ona yetişmeye çalışırlar ama Atalanta onlardan çok daha hızlıdır.

Domuz sonunda yavaş yavaş yorulmaya başlamıştır; ama hâlâ peşinde olan Atalanta hemen okunu çeker. Dikkatlice nişan alır ve oku bırakır. Havada vınlayarak süzülen ok, doğrudan canavarın bacağına saplanır. Domuz acıyla kıvranır ve bir anda durur. O anda Meleagros öne atılır ve mızrağını yaratığın kalbine saplar. Kalydon yaban domuzu oracıkta ölür.

Diğer avcılar da sevinç çığlıkları atarlar, Meleagros'a hediye etmek üzere domuzun kalın derisini yüzmeye başlarlar. Omuzlarına alıp kaldırmak isterler; ama Meleagros izin vermez.

"Bu ödül Atalanta'nındır," der. "İlk kanı o döktü."

Adamlar bağırarak karşı çıkarlar.

"O sadece şanslı ok atan bir kadın! Babanın krallığındaki bu laneti kaldıran aslında sensin."

Ancak Meleagros diretir. Sözünden geri dönmez. Sonunda dayısı Tokseus kendini tutamaz:

"Bunun nedeni ona âşık olman."

Pleksippus da ona katılır.

"Evet, sen bu kadının çekiciliğine kapılmışsın," der Pleksippus.

Meleagros ise bu yorumlara katlanamaz. Hâlâ domuzun kanının damladığı mızrağıyla ikisini de oracıkta öldürür. Sonra da domuzun postunu Atalanta'ya verir.

Kral Oineos topraklarının bu lanetten kurtulduğunu duyunca çok sevinir ve bütün Tanrılar'a adaklar adar; bu sefer Artemis'i unutmaz! Ancak karısı o kadar mutlu değildir. Sevdiği erkek kardeşlerinin başlarına gelenleri öğrendiğinde, dosdoğru evdeki ocağa gider ve sihirli kütüğü maşayla tutar.

"Nasıl sen benim kardeşlerimi öldürdüysen, ben de senin sonunu getireceğim." diye söylenir.

Sonra da kütüğü ocaktan çıkarır. Olan biteni gören üç Kader Tanrıçası da Meleagros'u hayata bağlayan ipi keserler. Atalanta'yla birlikte odasında olan Meleagros bir anda can verir. Kral Oineos topraklarını yaban domuzundan kurtarmış, bedelini ise oğlunu kaybederek ödemiştir.

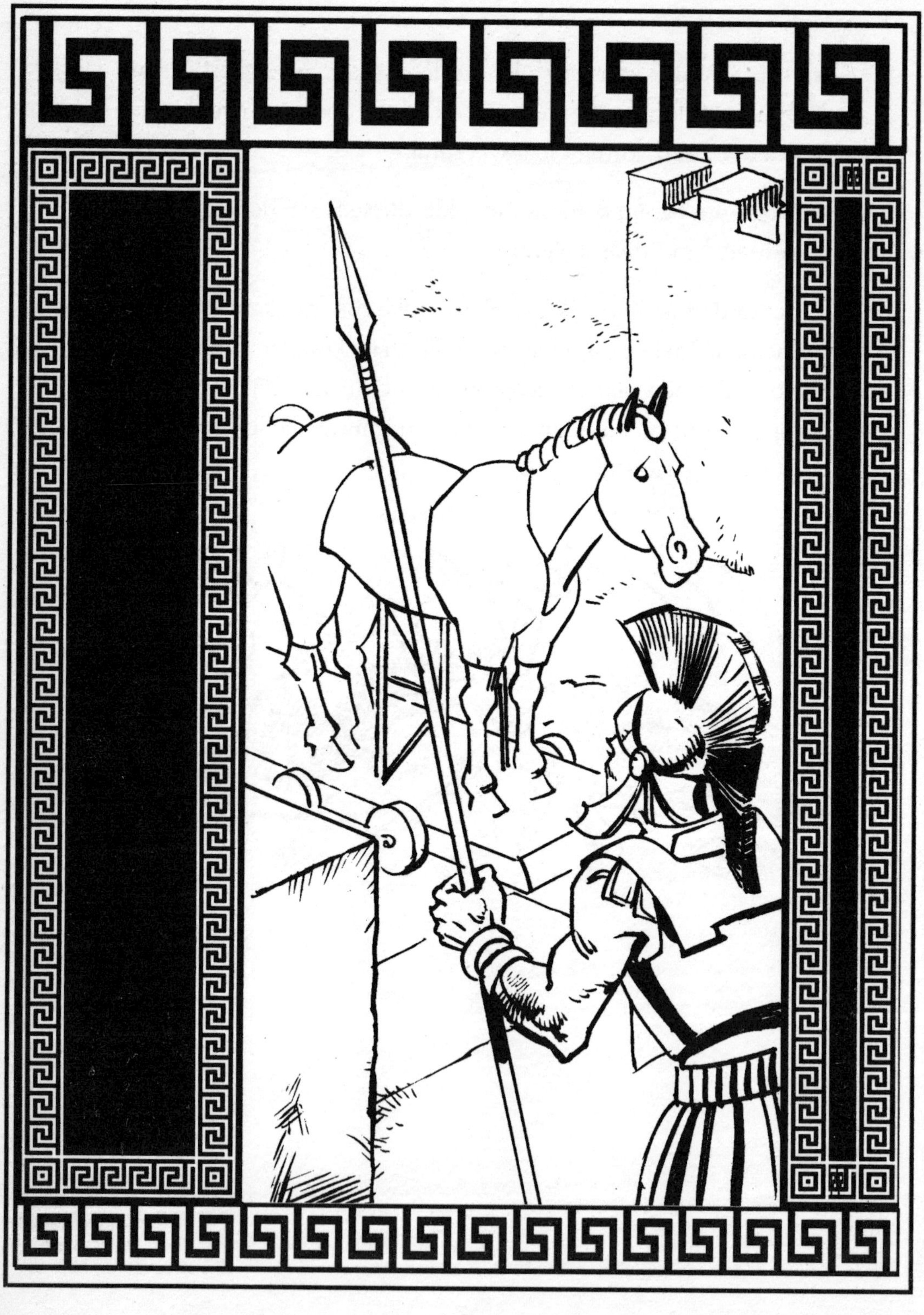

BÖLÜM VIII

TRUVA SAVAŞI

Kimileri Truva Savaşı'nın bir kralın karısının kaçırılmasıyla başladığını öne sürerken, kimileri de biraz daha gerilere gidilmesi gerektiğini söylemeyi yeğlerler. Size savaşın nedeninin aşk, açgözlülük ya da cinayet olmadığını savunacaklardır. Onlara göre savaşın asıl nedeni sıradan bir meyvedir: bir elma.

Olimpos Dağı'nda, üç Tanrıça, hangisinin en güzel olduğu konusunda anlaşmazlığa düşmüşlerdir. Bunlar, Hera, Athena ve Afrodit'tir. Tanrıçalar arasındaki bu çekişmeyi sezen Kavga Tanrıçası Eris, üçünün bir arada gezinmekten hoşlandıkları koruluğa sinsice bir elma bırakır. Üzerinde şunlar yazılır:

En güzel için.

Elbette ki Tanrıçalar'ın her biri meyvenin kendisi için olduğunu söyler. Anlaşamayınca bir ölümlü olan Truva Prensi Paris'e gider ve içlerinden hangisinin en güzel olduğunu sorarlar. Aslında Paris arkasını dönüp gitseydi iyi olurmuş; ama öyle yapmaz ve uzun uzadıya düşündükten sonra elmayı Afrodit'e verir. Afrodit öyle sevinir ki, seçeceği ölümlü bir kadını ödül olarak Paris'e vermeyi önerir. Paris pek fazla düşünmez.

"Bütün Yunanistan'da en çok istenilen kadını istiyorum," der. "Bana Helen'i ver."

O güne kadar dünyanın tanık olduğu en büyük savaşın tohumları işte böylece atılmış olur.

Helen, Sparta Kralı Menelaos'un karısıdır. Onun o zamana kadar yaşamış en güzel kadın olduğundan da hiç kimsenin kuşkusu yoktur. O dönemde Sparta ve Truva barış içindedir. O yaz Spartalılar uzaklardaki dostları için bir ziyafet verirler. Prens Paris de büyük ağabeyi Hektor ile ziyafete katılır; Menelaos'un cömertliğine kadeh kaldırıp şarap içerler. Akşam olduğunda Afrodit, Paris'e verdiği sözü tutacaktır. Helen'e bir büyü yapar ve Paris'e âşık olmasını sağlar. Truva Prensi, ülkesine dönerken onu da gemisine alıp Truva'ya yelken açar.

Menelaos ertesi sabah uyandığında yatağının boş olduğunu görür. Bu kesinlikle intikam alınması gereken bir suçtur. Menelaos hemen kardeşi, komşu Miken'in kralı Agamemnon'a haber verip, olanları anlatır. Bir zamanlar Helen'in babası Tyndareos'a söz verdiklerini hatırlatır. Bu söze göre Helen'in başına bir şey gelecek olursa, Yunanistan'daki bütün krallar onu kurtarmak için bir araya geleceklerdir. Agamemnon da kardeşine yardım etmeye yemin ederek, askerlerini ve gemilerini Aulis limanına getirmelerini önderlere söylemeleri için, bütün şehir devletlerine haberciler gönderir.

Sonbahar geldiğinde birlikler Aulis sahilinde toplanır. Dünyanın o güne kadar gördüğü en büyük ordu bir araya gelir. Binlerce gemide, yüz binlerce savaşçı, Truva'ya yelken açmaya hazır bekler. Gizli silahları da Akhilleus (Aşil) adındaki efsanevi bir savaşçıdır. Annesi Thetis adında bir Nympha olduğundan, onu daha bebekken Yeraltı Dünyası'na götürüp Stiks Nehri'nin[37] sularına batırdığından Akhilleus'in ölümsüz olduğuna inanılır.

Ancak bir sorun çıkar. Birlikler sahilde toplanırken, Agamemnon ve birkaç adamı avlanmaya gitmişlerdir. Bir geyik vururlar ve kamp ateşinde pişirirler; ancak geyiği yedikleri sırada rüzgâr kesilir. Rüzgâr olmadan da yelken açmaları olanaksızdır.

"Bu Tanrılar'ın işi," der adamlardan biri ve çok da haklıdır.

Agamemnon, hemen Kalkhas adında bir rahibe danışır ve korkunç gerçeği öğrenir. Öldürüp yedikleri geyik, öfke parlamalarıyla ünlü olan Tanrıça Artemis'in kutsanmış hayvanıdır. Kalkhas, krala Artemis'in gönlünü almanın tek yolunun kendi kızı olan İphigeneia'yı ona kurban etmek olduğunu söyler. Agamemnon çaresizdir. Bir yanda Helen'i korumak için verdiği söz, öte yanda sevgili çocuğunun hayatı durmaktadır. Uzun geceler yıldızların altında uykusuz kaldıktan sonra, sonunda zor bir karar verir. İphigeneia'yı yüksek bir tepeye götürerek denizdeki filoya bakmasını ister. Tepeye ulaştıklarında kızı ona döner, gözlerindeki yaşları görür.

"Neden ağlıyorsun baba?" diye sorar.

---

37 *Yeraltı Dünyası'nda akan ve yaşayanların dünyasını ölülerin dünyasından ayırdığına inanılan nehir.*

Agamemnon gözyaşlarını siler ve uçurumun kıyısındaki kızını aşağı iter. Aşağıdaki kayaların üzerinde cansız yatan kızının bedeni yavaş yavaş denize sürüklenirken, rüzgâr yeniden esmeye başlar. Tanrıça artık mutludur; filo sonunda yelken açabilecektir.

Bu sırada şehrin kalın surlarının arkasında güvende olan Truvalılar da ne yapacaklarını bilemez durumdadırlar. Paris, yaşlı Kral Priamos'un çocuklarından biridir. Bazı Truvalılar bir kadın yüzünden savaşmanın aptalca olduğunu söyleyerek Helen'i geri vermek isterler. Bazıları da Yunanları sevmediklerinden teslim olmamaları gerektiğini, şehrin yüksek surlarına güvenmeleri gerektiğini söylerler. Ne de olsa savunmaları o güne kadar hiç delinmemiştir. Sonunda savaşmaya karar verirler.

Savaş on yıl sürer. Orduların kahramanları arasında birçok çarpışma yaşanır; Tanrılar bile taraf tutar. Menelaos, Paris'e birebir savaşmayı önerir. Paris, iyi bir savaşçı olmadığı hâlde bu öneriyi kabul eder. Genellikle belli bir uzaklıkta kalmayı, ok ve yay kullanarak çarpışmayı yeğlemektedir; ama şimdi yanlış davrandığı adamla karşı karşıya çarpışmak zorundadır. Menelaos çabucak üstünlüğü ele geçirir, ama tam kılıcını Truvalı Prens'e saplayacakken Paris bir anda ortadan kayboluverir. Bu da Tanrıça Afrodit'in işidir; çok sevdiğini kayırmıştır. Bu, Menelaos'u daha da öfkelendirir.

Akhilleus ilk başlarda savaşmaya pek yanaşmaz. Truvalı kölesi olan güzeller güzeli Briseis'i, Agamemnon çaldığı için suratını asıp çadırında bekler. Ona büyük bir hayranlık duyan genç arkadaşı Patroklos, Akhilleus'un zırhını giyerek savaş meydanına çıkar, birçok Truvalıyı öldürür. Çok güçlü biri olan Truva Prensi Hektor onu görünce Akhilleus ile karıştırır. Yunanistan'ın en güçlü savaşçısını öldürme hırsıyla yanıp tutuşmaktadır. Hektor çarpışmayı kazanır, Patroklos'u öldürür. Ancak miğferini çıkardığında yaptığı hatanın farkına varıp, Akhilleus olmadığını görür. Yine de zırhını alarak kendi üzerine geçirir.

Akhilleus, Patroklos'un öldüğünü duyunca öfkesi damarlarındaki kanı yakıp tutuşturur. Menelaos'la olan tartışmasını bir yana bırakır, Hektor'dan kendisiyle birebir ölümüne çarpışmasını ister. Hektor cesur bir asker olduğundan hemen kabul eder ve iki savaşçı, şehrin surlarının önünde karşı karşıya gelir. Çatışma uzun sürer ve zorlu geçer. İkisi de mızraklarını bırakır, kılıç kılıca vuruşurlar. Ancak Tanrıça Athena, Akhilleus'un tarafındadır. Akhilleus, onun verdiği güçle mızrağını doğrudan Hektor'un boğazına saplar.

Şehrin sularında çarpışmayı izleyen Truvalılar, bağırarak Hektor'un ölüsünün kendilerine verilmesini isterler; ama Akhilleus'un öfkesi daha dinmemiştir. Hektor'u arabasının arkasına bağlar, herkes görsün diye Truva'nın surlarının çevresinde sürükler.

Ancak Akhilleus'un bile zayıf bir yanı vardır. Annesi Thetis onu Stiks Nehri'ne soktuğunda suyun değmediği tek bir yer kalmıştır; bebeği tuttuğu yer, topuğu... Bu, Akhilleus'un sonu olacaktır. Onu yenebilecek son Truvalı Paris'tir; bir korkak olan Paris, Akhilleus'un katili olur. Tanrı Apollo'nun doğrudan Akhilleus'un topuğuna yönlendirdiği bir ok atar. Böylece yenilmez olduğu düşünülen savaşçı zamansız ölür.

Savaş, iki tarafta da bir zafer belirtisi olmadan öfkeyle sürer. Truvalılar Yunanları denize geri süremez, Yunanlar da Truva'nın surlarını geçemezler.

Bu sorun sonunda akıllı Odysseus tarafından çözülür. Odysseus aslında İthake'nin kralıdır ve kurnazlığıyla tanınır. Yunan önderlerini yanına çağırarak planını fısıldar. Ertesi sabah, Truvalı gözcü surların ötesine baktığında şaşkına döner! Ne çadırlar ne de binlerce Yunan askeri ortalarda görünmektedir; üstelik onların boşalttığı yerde tuhaf bir görüntü vardır: On adam yüksekliğinde tahtadan yapılmış bir at.

Bir grup asker, bu tuhaf nesneyi dikkatle incelemeye gider. Atın yanında şu sözcükler yazılıdır:

Eve güvenli bir şekilde dönmeleri için,
Yunanların Tanrılar'a bir armağanı.

Truvalılar inanamazlar. Yunanlar vazgeçmiş ve evlerine dönmüşlerdir! Truva kurtulmuştur! Sevinç çığlıkları şehrin bir ucundan öbür ucuna yayılır; insanlar bir kutlama şöleni için hazırlıklar yapmaya bile başlarlar. Herkes şehrin kapılarının açılıp atın içeri getirilmesi gerektiğini söyler. Bir zafer işareti olarak iç kalenin yanında durmasını isterler. İçlerinden sadece biri buna karşı çıkar: Kral Priamos'un kızı Kassandra. Tanrılar ona ileriyi görme yetisi armağan etmişlerdir, ama bir sorun vardır: Gelecekte neler olacağını anlatmasına karşın, kimse ona inanmaz. Atın Truva'nın sonu olacağını söyler. Uyarısı duymazdan gelinir. Atın boynuna ipler dolar, şehrin içine çekerler. Akşam olur; herkes içtiği şarapla sarhoş olmuş, yedikleri yüzünden üzerlerine ağırlık çökmüş; uyuyakalmıştır.

Atın karnının altından ufak bir kapağın açıldığını görecek kadar uyanık kalmış bir kişi bile yoktur. İlk dışarı çıkan Odysseus olur; onunla birlikte on bir kişi daha çıkar; hepsi kılıçlarını kuşanmıştır. Biri ağır kapıların kilidini açmaya gider. Yunanlar aslında yelken açmamışlar; Tenedos (günümüzde Bozcaada) adında bir adanın limanına saklanmışlardır.

Artık ordu harekete hazır ve şehre akın etmeyi beklemektedir. Zavallı Truvalıların hiç şansı yoktur. Adamlar uykularında öldürülürken kadınlar esir alınır. Yunanlar Truva'yı yerle bir ederler.

Helen'in üzerindeki büyü kalkmıştır; o da hemen evine dönüp kocası Menelaos'la uzun ve mutlu bir hayat sürer.

Ancak sonuç Agamemnon için o kadar da sevindirici değildir. O savaşırken, karısı Klytemnestra bir başkasıyla, kızı İphigeneia'nın ölümünden ötürü kocasından intikam alma planları yaptığı Aigisthos'la evlenmiştir. Agamemnon'un teknesi Miken limanına girdiğinde Klytemnestra kollarını açıp onu karşılar.

"Gel kocacığım," der. "Senin için sarayında sıcak bir banyo hazırlattım."

On yıl boyunca savaşmış olan bir kral için bundan daha iyi bir davet yoktur. Sıcak, rahatlatıcı suya kendini bırakır. Suya girer girmez üzerine bir ağ düşer, elleri kolları bağlanmıştır. Bu bir tuzaktır!

"Neler oluyor?" diye bağırır. "Bana yardım et karıcığım!"

Klytemnestra yanında belirir ama yardım etmek amacıyla değil; elinde Agamemnon'un kılıcını tutmaktadır.

"Bu kılıç birçok Truvalının kanını döktü," der karısı. "Şimdi sıra sende..."

Ve kılıcı arka arkaya Agamemnon'a saplar.

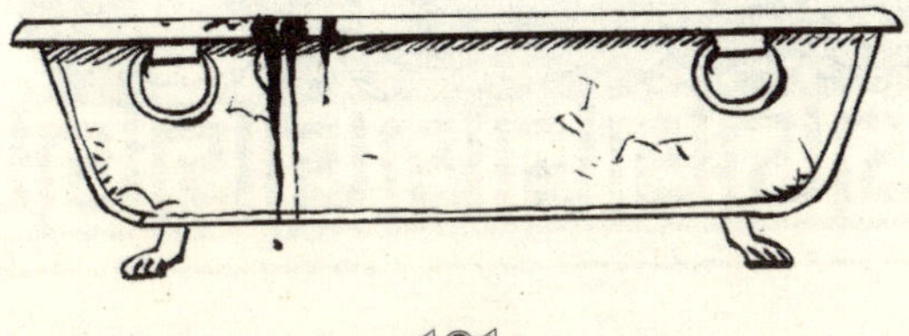

BÖLÜM IX

ODYSSEUS'UN YOLCULUKLARI

Kurnaz bir asker ve Truva'nın galibi olan İthake Adası'nın kralı Odysseus'un evine dönmesi sadece birkaç haftayı bulacaktı, oysa tam on yıl sürdü!

Truva'yı yıkıntı hâlde bırakarak askerleriyle önce, insanlarının bol miktarda yetişen nilüfer çiçeği adlı bitkiyi yemekten hoşlandıkları bir adaya çıkar. Tüm uyarılarına karşın Odysseus'un adamları da bu nilüfer çiçeğinden yeme gafletine düşerler. Bitki onlara evlerine dönmeleri gerektiğini unutturur; daha da önemlisi, yedikçe daha çok yeme isteğini artırır. Rahatlamak ve daha çok yaprak yemekten başka bir şey umurlarında değildir.

Bereket Odysseus böyle bir aptallık yapmamıştır; böylece, gecenin yarısında, horul horul uyuyan adamlarını teker teker gemiye götürür. Adamları halatlarla kürek sıralarına bağlar; sonra da demir alıp yelken açar. Kısa süre sonra adamlar uyanırlar; hepsi nilüfer yaprağı yemek için âdeta çıldırır. Ancak Odysseus onların bağrışlarını duymazdan gelir ve kısa süre sonra adayı geride bırakırlar.

Ertesi gece gemi başka bir adanın limanına yanaşır. Adamlar, yiyecek ve yatacak yer bulmak için karaya çıktıklarında büyük bir mağaraya rastlarlar. Ne kadar şanslı olduklarına inanamazlar. Mağaranın arka tarafında bir koyun sürüsü vardır. Koyunlardan ikisini keserler; mağarada bir ateş yakıp, kızarmış etle karınlarını doyururlar. Yaptıkları hatayı anlamaları çok uzun sürmez. Yer sallanmaya başlar ve ansızın mağaranın girişinde devasa bir gölge belirir. Bu bir Kyklop'tur. (Alnının ortasında tek bir gözü olan dev, tepegöz.) Alnının ortasındaki tek gözüyle öfkeli bir şekilde onlara bakar.

"Ne cesaretle benim koyunlarımı yersiniz!" diye böğürerek mağaraya giren Kyklop, arkasındaki girişi koskocaman bir kayayla kapatır. Artık çıkış yoktur.

Odysseus bunun bir hata olduğunu anlatmaya çalışır.

"Sen de kimsin?" diye bağırır Kyklop.

"Hiç Kimse'yim," der Odysseus.

Polyphemos adındaki Kyklop, aynı zamanda Poseidon'un oğludur. Öfkeli öfkeli baktıktan sonra Odysseus'un arkadaşlarından birkaçını eliyle yakalar ve mideye indirir. Ondan sonra da mağarada yere uzanıp uyumaya başlar.

Odysseus ve adamları geceyi birbirleriyle fısıldaşarak geçirirler. Kaçmak için bir plan yapmaları gerekmektedir, yoksa hepsi kahvaltıda devin midesini boylayacaklardır. Odysseus bunun gibi zor durumlardan yaptığı bir plan sayesinde kurtulmasıyla tanınırdı; bu sefer de bir istisna değildi. Polyphemos'un yaktığı ateşteki büyük odunlardan birini alır, yanan ucunu uyuyan devin gözüne yapıştırırlar. Kyklop öfkeyle kükrer; haykırışları diğer Kyklopları da mağaranın ağzına toplar. "Polyphemos, Polyphemos neler oluyor? Birileri sana zarar mı veriyor?" diye hırıldayarak sorarlar.

"Hiç Kimse, bana saldıran Hiç Kimse!"[38] diye yanıt verir dev. Kykloplar, kafaları karışmış bir hâlde yataklarına geri dönerler.

Ertesi sabah Polyphemos bir yandan yarasını iyileştirmeye çalışır, bir yandan da sorun çıkaran esirlerini tehdit etmeyi sürdürür:

"Önce koyunlarımı otlatmaya çıkarayım, döndüğümde her birinizin kemiklerini çatır çutur ezeceğim!"

Odysseus'un hızlı düşünmesi gerekir. Adamlarına, tek tek, koyunların karnından sarkan tüylere tutunmalarını söyler. Polyphemos kayayı mağaranın ağzından çekince dışarı çıkan sürüsünü saymaya başladığında; Odysseus da koyunların altına saklanmış adamlarıyla birlikte mağaradan çıkar ve hızla sahile koşarlar. Sağ salim gemilerine döndüklerinden sonradır ki, Odysseus kör olan ve kandırılmış Kyklop'a hakaretler yağdırmaya başlar. Ancak Odysseus, bir Tanrı'nın oğlunu kandırmanın bedelini daha sonra ödeyecektir.

Gemi İthake'ye sadece birkaç gün uzaklıktadır. Odysseus ve adamları geceyi geçirmek için Aiolia'ya demir atarlar. Bu ada, Tanrılar'ın kendisine rüzgârları denetim altına alabilme yeteneği verdiği Aiolos tarafından yönetilmektedir. Odysseus'un Truva Savaşı ile ilgili harika öykülerini dinlemenin karşılığı olarak Aiolos

38 *Okuyucu, Kyklop Odysseus'a "sen de kimsin?" diye sorduğunda , Odysseus'un ona "Hiç kimse" dediğini hatırlamalıdır* (Ç.N.)

ona, içinde eve çabuk dönmesini sağlayacak rüzgârların bulunduğu sihirli bir torba verir.

Odysseus bu rüzgârları tedbirli kullanır; her seferinde torbayı azar azar açar. Ancak adamları kıskançlığa kapılır; Odysseus'un torbada gizli bir hazine sakladığını düşünürler. İthake limanına sadece birkaç yüz metre kalmıştır; öyle ki Odysseus, karısı Penelope ile on yaşındaki oğlu Telemakhos'un iskelede beklediklerini görebilir. Ansızın adamlarından biri torbayı kapar, ağzını açar. Torba açılır açılmaz içindeki bütün rüzgârlar serbest kalır ve öyle şiddetli bir fırtına çıkar ki, gemiyi Aiolia'ya kadar geri götürür. Yaptıkları aptallığa kızan Aiolos ise bu kez onlara yardım etmeyi reddeder.

Odysseus'un adamları, kürek çekerek gemileri iki burnun arasından geçirir, Kral Lamos'un topraklarındaki ıssız bir koya demir atarlar. Her zamanki gibi dikkatli olan Odysseus, araziyi incelemek için tepelere tırmanır. O arada kıyıya çıkan adamları, kralın kızı olduğunu söyleyen genç bir kadınla karşılaşırlar. Genç kadının babasının evi diye götürdüğü yerde onları bir kral değil; biri kadın, biri erkek iki dev karşılar. Laistrygonlar adında insan yiyen bir soydan olan bu devler, Odysseus'un karaya çıkan bütün adamlarını yakalayıp yerler. Odysseus ise birkaç adamıyla birlikte kaçmayı başarır.

Bu küçük grup daha sonra büyücü Kirke'nin adasında karaya çıkar. Büyücünün güçlü büyüleriyle evcilleştirilmiş aslanlar ve kurtlar ortada dolanmaktadır. Büyücü, Odysseus'un adamlarına şarap ve yiyecek ikram eder; hepsi karınlarını doyururlar. Ancak tek tek bedenlerinin değiştiğini hissederler. Ziyafet çekeyim derken, Kirke'nin sihirli otlar kullandığı yiyeceklerden büyülenen adamlar birer domuza dönüşürler! Odysseus ise adamlarının aksine bu tuzağa düşmez. Tanrı Hermes, onu Kirke'nin güçleri konusunda uyarmıştır; o da büyücünün hain planından kendisini koruyabilmek için özel bir soğanlı bitki yemiştir.

Ancak Kirke'nin, bir yıl kendisiyle kalmazsa adamlarını yeniden insana dönüştürmemekle tehdit etmesi karşısında Odysseus, hiç istememesine ve karısını çok özlemesine rağmen bu pazarlığı kabul etmek zorunda kalır.

Aylar geçer ve Odysseus yeniden yelken açmadan önce falcı Tiresias'ın öğüdünü almak için Yeraltı Dünyası'na iner. Oidipus'u yazgısı konusunda uyarmış olan Tiresias ölmüştür; bulunabileceği tek yer de artık Yeraltı Dünyası'dır.

Tiresias, Odysseus'a Kharybdis girdabı ile Skylla adında bir deniz canavarının arasında bulunan boğazın ortasına geldiğinde, canavara altı adamını vermeye ya da hepsini girdapta kaybetmeye hazır olması gerektiğini söyler. Tiresias, ona, Güneş Tanrısı Helios'un sürüsüne dokunmamasını da öğütler. Odysseus Yeraltı Dünyası'na indiğinde Truva'da ölen silah arkadaşı savaşçı Akhilleus'in ruhuyla da konuşur. Paris'in attığı okla öldüğü için hâlâ çok kızgın olan Akhilleus, Yeraltı Dünyası'nın düzlüklerinde öfkeli öfkeli dolanmaktadır.

Yeniden yelken açan Odysseus, esintinin daha önce hiç duymadığı kadar güzel bir şarkıyı getirdiğini duyar. Ses, kadınlardan oluşan bir korodan yükseliyor gibidir. Ancak Kirke, Odysseus'u bu Sirenlerin, şahane şarkılarıyla adamların kayalara çarpıp ölmelerine neden olan Harpyalar oldukları konusunda uyarmıştır. Odysseus kendilerini koruyabilmek için bir yöntem bulur: Adamlarına kulaklarını, balmumuyla tıkamalarını, kendisini de geminin direğine bağlamalarını emreder. Böylece büyülü seslere doğru dümen kırmamayı güvenceye almıştır. Sirenler ise başarılı olabilmek için gittikçe daha yüksek sesle şarkılar söylemeye başlarlar.

Şarkının büyüsüne kapılan Odysseus zincirlerini zorladıkça zorlar; adamlarına kendisini çözmeleri için durmadan lanetler yağdırır. Sonunda Sirenleri arkalarında bırakırlar.

Gemi daha sonra Kharybdis'e ulaşır. Buradaki girdap, gemileri bir bütün olarak içine çekip ölüleri ve boğulan denizcileri püskürtmesiyle ünlüdür. Odysseus, Tiresias'tan çok yaklaşacak olursa bütün adamlarını kaybedeceğini öğrendiğinden, Skylla yakınındaki tehlikeli yola girmelerini emreder. Kâhinin önceden söylediği gibi, altı başlı canavar, her ağzıyla bir adamı yakalar. Bu dayanılmayacak kadar korkutucudur.

Hırpalanmış ve deliye dönmüş mürettebat, Thrinakie Adası'nda kıyıya çıkar. Bu adada Güneş Tanrısı Helios'un sürüleri dolaşmaktadır. Açlıktan öleyazan ve yorucu yolculuklarından sonra ümitsizliğe kapılan mürettebat, artık Odysseus'un emirlerini duymazdan gelir ve Helios'un sürülerinden hayvanları yakalayıp ateşte pişirirler. Bu, Helios'un bağışlamayacağı bir hatadır. Gemi ertesi sabah yeniden yelken açtığında Helios, Zeus'a giderek uğradığı aşağılanmayı anlatır. Zeus hemen şimşeklerinden birini hazırlar ve Odysseus'un gemisine göndererek parçalar. Mürettebattan geriye kalan herkes denizde boğulur.

Yani Odysseus dışında herkes yok olur. Şans eseri, Titan Atlas'ın kızlarından birinin, Nympha Kalypso'nun evi olan adanın kıyısına sürüklenir. Odysseus'a âşık olan Kalypso, kendisiyle kalırsa, ona ölümsüzlük[39] vereceğini söyler. Odysseus'un ne gemisi ne de denizcileri kalmıştır. Kalypso'nun önerisini kabul etmekten başka seçeneği yoktur. Yedi yıl orada kalır ama her gece İthake'deki evini ve sevgili karısını özlemekten vazgeçmez; bu özlem ona büyük bir acı verir. Olimpos'taki Tanrılardan bazıları bile onun bu durumuna üzülür ve habercileri olan Hermes'i Kalypso'yla konuşması için gönderirler. Kalypso, istemeyerek de olsa Odysseus'un gitmesine izin verir.

Kalypso'nun adasından küçük bir salla ayrılan Odysseus, Poseidon'un öfkeli dalgalarında sağa sola savrularak, Helios'un yakıcı güneşinde kavrularak yol alır. Sonunda İthake sahillerine ulaştığında, Truva Savaşı biteli on yıl olmuştur; yola çıkmasından bu yanaysa bir on yıl daha geçmiştir.

Bu arada İthake'de de her şey yolunda gitmemiştir. Odysseus'un denizde kaybolduğuna inanan talipler,[40] dul karısı Penelope'yle evlenmeye hevesli olduklarından sarayda toplanmışlardır. Gerçekte istedikleri ise Penelope'yle birlikte gelecek olan zengin hazine ve topraklardır. Odysseus İthake'ye ulaştığında, hepsi sarayında yaşıyor, mutfakta ne buldularsa yiyip bitiriyor, mahzende ne buldularsa içiyorlardır. Odysseus'un genç oğlu Telemakhos onlarla başa çıkabilecek durumda değildir. Penelope sonunda bütün taliplerini zekice bir planla uzaklaştırmayı başarır. Onlara Odysseus'un yaşlı babası Laertes için bir kefen hazırlamakta olduğunu, ancak bittiğinde içlerinden biriyle evlenebileceğini söyler. Her gün tezgâhın başına oturur ve yine her gece gizlice kefeni söker. Adamların sabrı

39 *Sonsuz hayat.*
40 *Bir kadınla evlenmek isteyen erkekler.*

da giderek azalmaya başlar. Odysseus sonunda saraya vardığında, Tanrıça Athena onu bir dilenci kılığına sokar. Kendisini ilk tanıyan sadık köpeği olur; sonra da ayaklarını yıkarken yaşlı sütannesi onun gerçekten kim olduğunu anlar. En sonunda hem karısına hem de oğluna gerçeği söyler. Hepsi bir araya gelip açgözlü talipleri göndermek için bir plan hazırlarlar.

Penelope sonraki gün taliplerin tamamını şölen salonuna çağırır ve bir yarışma düzenler. Kim Odysseus'un büyük yayını çeker ve bir oku on iki baltanın saplarındaki deliklerden geçirmeyi başarırsa onunla evleneceğini söyler. Bu çok büyük bir güç ve yetenek gerektiren, zor bir görevdir. Talipler birbirinin peşi sıra bu görevi denerler ve başarısız olurlar. Sonunda dilencinin biri öne çıkar ve görevi kolaylıkla yerine getirir. Sonra da kimliğini açıklar. Odysseus'u karşılarında gören talipler, şaşkınlıktan neredeyse küçük dillerini yutacaklardır.

"Karımın başına bela oldunuz, bütün yiyeceklerimi bitirdiniz, krallığımı da kötüye kullandınız," der Odysseus. "Şimdi hepinizin sonu geldi!" Odysseus ve oğlu, öfkeyle taliplerin hepsini öldürürler. Odysseus'un yirmi yıllık seferi böylece kanlı ve intikam dolu bir şekilde sona erer.

BÖLÜM X

ÇOK YÜKSEKLERE UÇAN OĞULLAR

Phaeton ve Güneş Arabası

Phaeton sıcak bir öğleden sonra arkadaşlarıyla birlikte tavşan avlamaya çıkar. Gökyüzünü işaret eder: "Bakın, babam Güneş Tanrısı Helios gidiyor. Arabası güneşi gökyüzünde çekiyor. O olmasaydı sonsuza kadar karanlığa mahkûm olurduk."

Phaeton'un arkadaşları çoğu kez kafalarını sallayıp onu duymazdan gelirse de, o gün en yakın arkadaşı Timon'un sabrı taşar.

"Saçmalamayı kes artık Phaeton," der.

Daha önce kimse Phaeton'a babası konusunda karşı çıkmamıştır; bu durum onu kızdırır. Sapanını[41] bir yana fırlatır ve Timon'un üzerine atlar.

---

41 *Genellikle avlanırken kullanılan, iki uzun ipin ortasında ufak bir kesesi olan bir alettir. Avcı bu keseye bir taş koyar ve hız alması için sapanı kafasının üzerinde döndürür. İpin bir ucunu bırakarak, taşın hedefe yönelmesini sağlar.*

"Sen babam hakkında böyle konuşmaya nasıl cesaret edersin!" diye bağırır.

Timon ve Phaeton yerlerde yuvarlanarak kavga ederlerken, arkadaşları araya girerek onları ayırırlar. Timon ve Phaeton yara bere içindedir; üzerlerindeki giysiler parçalanmıştır.

"Sen delirmişsin!" der Timon. "Senin baban bir Tanrı ise o zaman benim babam da Zeus!"

Phaeton o akşam eve döndüğünde, annesi Klymene ona bakar bakmaz bir şeylerin ters gittiğini anlar. Giysilerini onarmaya başladığında Phaeton annesine olanları anlatır.

"Seni aptal çocuk!" der annesi.

Phaeton bir süre surat asar. "Bu doğru değil mi?" diye sorar. "Yoksa sen bana bunca zamandır yalan mı söylüyordun?"

Klymene oğluna doğru söylediğini, ama bir kanıta ihtiyacı varsa doğrudan babasına gitmesi gerektiğini söyler. Helios'un Altın Sarayı'na nasıl gideceğini oğluna anlatır, Phaeton da hemen yola koyulur. Gecenin karanlığında yol alır ve şafak sökmeden biraz önce saraya varır. Dosdoğru Helios'un taht odasına götürülür. Babası gözü alan beyaz alevler gibi parladığından, Phaeton gözlerini kapatmak zorunda kalır.

"Hoş geldin oğlum!" diye bağırır Helios. "Senin için ne yapabilirim?"

"Senin gerçekten babam olduğunu gösteren bir kanıta ihtiyacım var."

"Bu çok kolay. İstediğin bir dilekte bulun, ben de dileğini yerine getireyim. Sana Stiks Nehri üzerine söz veririm."

Phaeton uzun uzun düşünür.

"Bir günlüğüne senin güneş arabana binmek isterim. Timon o zaman gününü görür."

Helios bunun çok tehlikeli olduğunu söyler; ama Phaeton ısrar eder. Bir Tanrı, Stiks Nehri üzerine söz verdiğinde bunu mutlaka yerine getirmesi gerekir.

Güneş neredeyse doğmak üzeredir; Helios oğlunu atların arabaya koşulduğu ahıra götürür. Phaeton güçlü atları ve arabanın arkasında parlayan devasa güneşi görünce nutku tutulur.

Helios dizginleri oğlunun eline verirken "Dikkatli ol!" diye uyarır. "Atlar çok inatçıdır. Dizginleri çok sıkı ve tam ortada tutmalısın. Ne çok yukarda ne de çok aşağıda..." Oğlundan bir kez daha düşünmesini ister; ama Phaeton kararlıdır. Ahırın kapıları açıldığında babasına veda eder ve dizginleri eline alır. Atlar şimşek gibi dışarı fırlarlar.

Önceleri her şey kolay gibi görünür. Atlar havada dörtnala giderek, arabayı daha da yukarı çekerler. Rüzgâr saçlarının arasından eserken Phaeton çığlıklar atar. Öğle olduğunda gökyüzündeki en yüksek noktaya çıkarlar; geri dönme zamanı gelmiştir. Phaeton dizginlere asılır ama hiçbir şey olmaz. "Durun!" diye bağırarak atları durdurmaya çalışır. Ancak atlar yukarı çıkmaya devam ederler. Bulutlar bile kaybolmaya başlamıştır.

Olimpos Dağı'ndaki Tanrılar endişelenmeye başlar. Araba çok yükseğe çıkarsa hepsi sıcaktan çatır çatır yanacaktır. Olimpos Dağı'nda hava giderek ısınmaya başlayıp Yeryüzü de donunca, Zeus başka şansının olmadığını anlar. Hemen denetimden çıkan arabaya bir şimşek göndererek dingilini[42] parçalara ayırır. Atlar

42 *İki tekerleği birleştiren parça.*

dizginlerden kurtulurlar, araba da Yeryüzü'ne doğru düşmeye başlar. Toprağa vurduğunda ağaçları, bitkileri ve nehirleri yakar, sadece kum ile çöller ortada kalır.

Phaeton ile arabadan geriye kalanlar bir nehre düşer. Artık onu hiçbir Tanrı kurtaramaz ve hemencecik boğulur. Annesi ve kız kardeşleri bedenini sudan çıkarırlar, onun için yas tutmaya başlarlar. Helios günler boyunca üzüntü içinde sarayında kalır ve dünya karanlığa gömülür. Ancak Zeus bir gün onu yeniden göklere çıkmaya ikna eder.

İkaros ve Balmumundan Kanatları

Theseus, labirentteki Minotaur'u öldürdükten sonra Kral Minos bundan labirenti tasarlayan zanaatkâr Daidalos'u sorumlu tutar. Daidalos aynı zamanda Ariadne'ye bu tür labirent benzeri koridorlardan nasıl kaçılacağı ile ilgili bir sır da vermiştir.

Daidalos oğlu İkaros ile birlikte Girit Adası'nda bir kuleye kapatılır. Hücreleri yüzlerce metre yükseklikte olduğundan, atlayarak kaçmak olanaksızdır. Ancak Daidalos akıllı bir adamdır; bir kaçış planı yapar. Oğluyla birlikte her gün yemeklerinden birkaç parça kırıntı ayırıp pencere kenarına koyacaklardır. Kuşlar bu kırıntıları yemek için oraya geldiklerinde; İkaros ve babası kuşları yakalayıp öldürecekler ve tüylerini yolacaklardır.

Aylar geçer ve yataklarının altında çok büyük bir tüy yığını birikir. Ancak Daidalos'un planı bu tüylerden rahat bir yatak yapmak değildir. Kurnaz mucidin çok daha cesur bir planı vardır. Bir gece muhafızlar hücreyi kontrol ettikten sonra Daidalos yatağından çıkar.

"İkaros, oğlum! Bu gece kaçacağız !" der.

"Peki, ama nasıl?" diye sorar İkaros. "Kapı kilitli. Pencereden de çıkamayız!"

"Yanılıyorsun," der Daidalos. "Ne kadar mum varsa yak!"

İkaros babasının söylediğini yapar. Babası tüyleri ikişer ikişer alırken, onu seyreder. Bir damla erimiş balmumu ile tüyleri birbirine yapıştırır.

"İki çift kanat yapacağız, sonra da kuş gibi uçacağız," der.

İkaros güler.

"Bu çok uzun sürer!" der.

"O zaman acele etsek iyi olur," der babası. "Bir tek bu gecemiz var."

Böylece baba oğul akşam ay çıkmaya başladığında soğuk taşın üzerine otururlar. Teker teker yüzlerce tüyü birbirine yapıştırırlar. Şafak pespembe ağardığında, işlerini bitirmişlerdir. Muhafızın günlük ekmekleriyle kapıda belirmesi artık an meselesidir.

"Çabuk olmamız gerekiyor," der İkaros'un babası oğluna, yeni kanatlarını takmasına yardım ederken. Kanatların oldukça hafif olduğunu fark ederler. "Dene," der Daidalos. İkaros kollarını çırpar, ayakları yerden kesildiğinde çok şaşırır.

"İşe yarıyor!" diye haykırır.

"Elbette yarıyor," der Daidalos kendi kanatlarını da takarak. "Bana boşuna dünyanın en büyük zanaatkârı demiyorlar herhâlde? Hadi artık gitme zamanı."

Pencerenin kenarına ilk çıkan İkaros olur. Önünde çok uzun bir yol varmış gibi görünmektedir. Bu kanatlar işe yaramazsa öleceği kesindir.

"Sana sadece tek bir öğüdüm olacak," der Daidalos. "Güneşe çok yakın uçma. Yere yakın gidersen her şey yolunda gider."

Ancak İkaros babasının söylediklerini duymaz. Çok heyecanlıdır. Derin bir nefes alarak kendini pencereden boşluğa bırakır. Önce büyük bir çığlık atar; dimdik yere inmektedir. Ancak sonra kollarını hafifçe kaldırır. Büyük bir keyif çığlığıyla gökyüzüne yükselerek hava akımında uçmaya başlar. Kısa süre sonra, balmumundan kanatlarını çırparak daha da yukarı çıkabildiğini fark eder. Arkasından da babası gelir.

"Uçuyoruz!" diye bağırır. "Ben bir kuşum!"

Baba oğul birlikte kısa sürede Kral Minos'un hapishane kulesinden kaçarlar.

Ancak İkaros, babasının söylediklerini yeterince dikkatli dinlememiştir. Güneş yükselirken İkaros giderek daha da yükseklere çıkar; uzun zamandır kulede kapalı olduğundan, güneşin sıcaklığını yüzünde hissetmek hoşuna gider. Babasının aşağılardan kendisine seslendiğini duyduğunu düşünür; ama aşağı baktığında sadece uçuşan tüyler görür. Büyük bir korkuyla bunların kendi kanatlarından düştüğünü anlar. Kanatlarına bakar; güneş ışınlarının balmumunu erittiği yerler epey incelmiştir. Düşmeye başlar; kanatlarını gittikçe daha çok çırpar ama hiçbir yararı yoktur. Kanatları artık işe yaramaz hale gelir.

Daidalos düşmekte olan oğlunu yakalamaya çalışır; ancak geç kalmıştır. İkaros doğrudan denize düşer ve boğulur.

BÖLÜM XI
TANRILAR'IN ÖFKESİ

Prometheus

Olimposlu Tanrılar ile girilen savaştan sonra kaçan Titanlardan biri de Prometheus adında düzenbaz bir devdi. Tanrıların Kralı'na onu diğerleriyle birlikte Tartaros'a göndermemesi, insanların arasında yaşamasına izin vermesi için yalvarmıştı; Zeus da bunu kabul etmişti. Prometheus'tan tek istediği ona bir adak vermesiydi.

Ancak Prometheus çok düzenbazdır. İki öneride bulunur: Bunlardan ilki, öküzün midesindeki iğrenç kokulu deriye sarılmış en iyi parça öküz etidir. İkincisi de kalın yağ tabakasıyla kaplanmış öküz kemikleridir. İkincisinin daha iyi olduğunu düşünen Zeus onu alır. Ancak kemikleri ezerken, kandırıldığını anlar

ve intikam almaya karar verir. Prometheus'u doğrudan cezalandırmaz. Onun yerine yeryüzünde yaşayan ölümlülere armağan ettiği ateşi alır; artık ne yemek pişirebilirler ne de evlerini ısıtabilirler.

"Bunu bize neden yaptın?" diye sorarlar Tanrıların Kralı'na.

"Suç Prometheus'un!" der Zeus. "Bunun nedeni onun küstahlığı."

Prometheus bu yüzden toplumdan dışlanır; yeryüzünde hiç arkadaşı olmadan tek başına gezmeye başlar. Zamanla ümitsizliğe kapılır ve bir gün harekete geçmeye karar verir. Akşam olduğunda Olimpos Dağı'na tırmanır, Zeus'un sürekli yanan ateşi sakladığı kutsal odaya girer ve oradan aldığı yanan koru yeryüzündeki insanlara götürür.

Zeus sabah uyandığında, ölümlülerin ateşin başında kahvaltılarını pişirdiklerini, ellerini ısıttıklarını, Prometheus'a övgüler yağdırdıklarını görünce suçlunun kim olduğunu hemen anlar.

Prometheus'u aramaya başlar ve ona aklına gelebilecek en kötü cezayı verir: Titan'ı bir kayaya zincirler ve ciğerini kemirmesi için de bir akbaba gönderir. Bu kadarıyla bitmez. Tanrılar sadece bir gün, bir ay, hatta bir ömür boyu süren cezalar vermekle yetinmezler. Ölümsüz oldukları için sonsuza kadar sürecek cezaları uygun görürler.

Bu yüzden her gece, akbaba işini bitirip uzaklaştığında Zeus, Prometheus'un ciğerinin yenilenmesini sağlar. Sonraki gün akbaba bu yeni ciğeri yemek için geri döner. Herakles adında bir kahraman onu kurtarmasaydı (bkz. s. 66) Prometheus sonsuza kadar orada kalabilirdi.

Sisyphos

Sisyphos, Korint şehrini kuran bir Yunan kralıydı. Zeki ve açgözlü bir adam olduğundan halkına ağır vergiler yükler, topraklarındaki herkesten para çalarak muhasebe evindeki[43] hazinesini çoğaltır dururdu. En sevdiği numara da konuklarını ziyafet salonunda akşam yemeğine çağırmak, neleri varsa almadan önce hepsini zehirlemekti. Krallığından geçen yolcuları soymaları için haydutlar bile tutardı. Hatta Tanrılar'ın tapınaklarından bile çalardı.

Ancak böyle şeytanlık yapanlar Tanrılar'ın gözünden asla kaçamaz. Zeus'un sabrı da bir gün tükenir ve "artık bu kadar yeter" diye düşünür. Kardeşi Hades'ten, Sisyphos'u Yeraltı Dünyası'nın hapishanesi olan Tartaros'a kapatmasını ister. Hades de dünyayı böyle canavar bir adamdan kurtarmanın sevinciyle, bu öneriyi hemen kabul eder.

Korkudan titreyen Sisyphos'u doğrudan Ölüm Ruhu Thanatos'a teslim eder. Thanatos tam Sisyphos için zincirleri hazırlarken, Kral şöyle der:

"Belki de zincirlerin ne kadar sağlam olduğunu önce kendin deneyip görmelisin."

43 *Hazinenin saklanması ve sayılması için başka bir yere yapılan bina.*

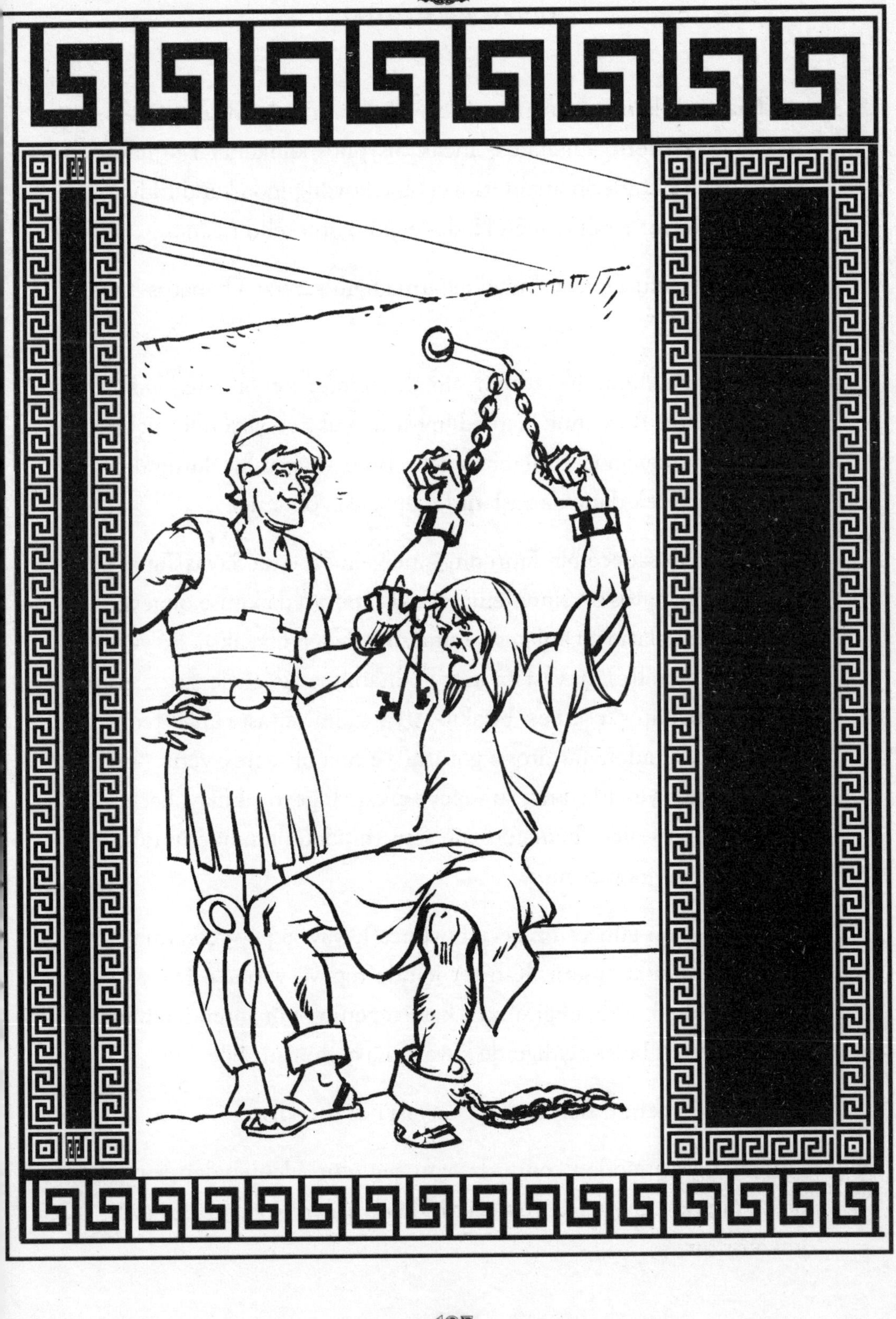

Thanatos kendini zincirler ve Sisyphos'a zincirlerin çok sağlam olduğunu gösterir. Thanatos, ancak Sisyphos kahkahalar atmaya başlayıp da zincirlerin anahtarını cebine koyduğunda kandırıldığını anlar. Korint Kralı hemen Hades'e gidip onu tehdit eder.

"Beni Yeraltı Dünyası'ndan çıkarmadığın sürece Thanatos hapis kalacaktır."

Hades bu ölümlüye teslim olmak istemez ve onu reddeder. Ancak Ölüm Ruhu'nun hapsedilmesi demek, yeryüzünde hiçbir ölümlünün ölememesi anlamına gelir. Bu olanaksız bir durumdur. İnsanlar giderek daha da yaşlanırlar ama asla ölmezler.

Bu durum sadece bir Tanrı'nın işine gelmez; o da Savaş Tanrısı Ares'tir. Thanatos'un zincirlenmesi, iki taraftan da kimse ölmeyeceği için savaşların da anlamsız kalmasına neden olacaktır. Bu yüzden Ares, Yeraltı Dünyası'na iner ve inanılmaz gücüyle zincirleri kırarak Thanatos'u serbest bırakır. Artık gülme sırası Hades'tedir. Sisyphos'u yeniden Tartaros'a götürür ve ona bir görev verir: "Bu büyük kayayı yuvarlayarak şu tepeye çıkar. Tepeye çıkmayı becerdiğinde bana seslen; hemen o gün seni yeniden ölümlülerin dünyasına geri göndereceğim."

Sisyphos on gün ve on gece boyunca kayayı tepeye çıkarmaya uğraşır; sonunda başarır. Kan ter içinde tepeye varır ve Hades'e seslenir. Ancak seslendiği sırada, kaya tepenin öbür yanından aşağı yuvarlanır. Hades geldiğinde kaya aşağıya inmiştir bile.

"Yeniden dene!" der Yeraltı Dünyası'nın Efendisi.

İkinci girişiminden sonra da aynı şey olur. Üçüncüden sonra da... Sonunda Sisyphos oyuna getirildiğini anlar. Görevi başarması imkânsızdır.

Gene de büyük zenginliklerinin tadını çıkarmak için özgürlüğüne kavuşacağı günün hayaliyle denemekten asla vazgeçmez!

Akhtaion

Bazen yazgınızı belirleyen yaptıklarınız değil, gördükleriniz olabilir. Akhtaion'un öyküsü de yanlış zamanda yanlış yerde olmakla ilgilidir.

Akhtaion hayatının en güzel döneminde genç ve yakışıklı bir adamdır. En çok sevdiği şey de köpekleriyle birlikte Teb ormanlarına avlanmaya gitmektir.

Bir yaz günü, yine mızrağı ve yayını yanına alarak bir geyiğin peşine düşer. Kovalamaca çok uzun sürer ve zor geçer. Akhtaion sonunda yenilgiyi kabul etmek zorunda kalır. Yakınlarda bir yerden su sesi geldiğini duyar; susuzluktan dili damağına yapıştığından, sesin geldiği yere doğru gider. Sonunda yeşilliklerin arasından geçerek bir koruluğa varır. Önce bir su birikintisi görür. Suyun ortasında ise o ana kadar gördüğü en güzel görüntüyle karşılaşır. Çevresi Nympha'lar ile dolu çıplak bir kadın serin sularda yıkanmaktadır. Akhtaion bunun sıradan bir kadın olmadığını anlar ve şaşkınlıkla onu izlemekten başka bir şey yapamaz. Aslında arkasını dönüp hemen gitmesi gerekirdi; çünkü yıkanmakta olan kadın aslında Av Tanrıçası Artemis'tir. Akhtaion'u şaşkınlıktan ağzı açık kalmış bir durumda görünce hemen giyinir ve ona döner.

"Sen, ölümlü bir erkek olarak ne cüretle benim güzelliğimi seyredersin?"

Akhtaion özürler diler ama Tanrıça onu dinlemez bile. Hemen zavallı Akhtaion'a bir büyü yapar.

"Daha önce bir avcıydın, bundan böyle av olacaksın!"

Akhtaion onun ne demek istediğini önce anlamaz, sonra alnında bir ağrı hisseder. Ellerini uzattığında, parmaklarına alnında çıkan bir çift boynuz gelir.

"Neler oluyor..." derken ağzının içinde dili kalınlaşır, dudaklarını düzgün kullanamaz olur.

Burnu giderek uzar, arka bacakları eğilmeye başlar. Öne, ellerinin üzerine doğru düşer ama artık bunlar elleri değil ön ayaklarıdır. Gölün sakin sularına baktığında, Akhtaion kendi yüzünün değil bir geyiğin yansımasını görür.

Daha bu değişimi tam olarak kavrayamamıştır ki, ormandan kendi av köpeklerinin havlamalarının ve uğultularının geldiğini duyar. Köpekler açık alana çıkar, doğrudan ona doğru koşmaktadırlar. Akhtaion durmaları için bağırmaya çalışır; ama ağzından çıkan şey vahşi bir hayvanın çığlığıdır. Köpekleri hâlâ peşinden gelirlerken, Akhtaion kaçıp ormana girer.

Ağaçlıkların arasında hızla ilerlerken, korku her yanını sarar. Hızına ve gücüne kendisi bile şaşırır; ama yavaş yavaş yorulmaya başlar. Köpekleri, kuyruğunun dibinde dişlerini gıcırdatmaktadır.

Sonra da dişlerini etinde hisseder. En sevdiği köpeklerinden biri, boynunu ölümcül bir biçimde ısırarak işini bitirir. Bu, meraklı gözleri ona masumca ihanet eden zavallı genç Akhtaion için çok acımasız bir sondur.

BÖLÜM XII

YİTİRİLEN VE BULUNAN AŞKLAR

Orpheus ve Eurydike

Tam bir müzik aşığı olan Orpheus, Trakya topraklarında bir kraldır. Eurydike adında genç bir kıza âşık olur ve onunla evlenmek ister. Kız kabul edince bütün krallık sevince boğulur. Düğün için hazırlıklar başlar. Ziyafetler için hayvanlar kesilir, tapınaklar çelenklerle süslenir, Eurydike ve arkadaşları çiçek toplarlar. Ancak bir yılan kızı bacağından ısırınca her şey değişir. Kız çığlık atarak çimlere düşer. Zehir bedenine yayılırken, arkadaşlarından biri Orpheus'u çağırmaya gider. Ancak ne yazık ki, o geldiğinde kız çoktan ölmüştür.

Çevresindeki herkes ona artık yapabileceği bir şey olmadığını söylese de Orpheus sevgili

Eurydike'sinin öldüğünü bir türlü kabullenmez. Gömdüklerinde bile, Orpheus sanki hâlâ yaşıyormuş gibi ona şarkılar söyler.

"Artık hayata devam etmen gerekiyor," der arkadaşları. "Kendine başka bir eş bul."

Ancak Orpheus başka bir şey düşünmektedir. Ölü ruhların gezindiği Yeraltı Dünyası'na iner, Hades'le karısı Persephone'yi ziyaret eder. Yeraltı Dünyası'nın efendisine Eurydike'yi yukarıdaki dünyaya geri götürmesine izin vermesi, ona bir yaşama şansı daha tanıması için yalvarır.

"Bu imkânsız," der Hades. "Ölüm sondur."

Orpheus geleneksel anlamda bildiğimiz kahramanlardan biri değildir. Kılıcı kalkanı olmayan önemsiz biridir; o kadar güçlü de değildir. Onun daha farklı bir silahı vardır. Lirini çıkarır, tellerine dokunarak onlara bir şarkı söyler.

Seçtiği şarkı Persephone'nin çok sevdiği bir şarkıdır. Persephone ezelden beri Yeraltı Dünyası'nda yaşamamaktadır. Bir gün çiçek toplarken Hades onu görmüş, anında âşık olmuştur. Onu hemen arabasına atmış, Yeraltı Dünyası'ndaki sarayına götürmüştür.

Persephone'nin annesi, bir Yeryüzü Tanrıçası olan Demeter, kızının kaybolduğunu fark edince Hades'e kızını geri göndermesi için yalvarır. Hades de bu acı içindeki anneye acır. Kızını yılın ancak bir yarısında yanına gönderebileceğini, öteki yarısında ise onunla birlikte Yeraltı Dünyası'nda yaşayacağını söyler. Demeter bunu kabul eder. O günden sonra Demeter kızının Hades'le olduğu zamanları üzüntü içinde geçirir, geri döndüğünde de sevince boğulur. Orpheus da bu yüzden yeryüzünde yılın bir yarısının cansız ve çıplak, öbür yarısının ise çiçeklerle ve meyve dolu ağaçlarla geçtiğini şarkısında söyler.

Bu acıklı şarkı, ihtiyar Hades'in gözlerini bile yaşartır ve sonunda Orpheus'un dileğini kabul eder.

"Eurydike'yi tek bir koşulla geri alabilirsin," der.

"Ne isterseniz," diye yanıt verir Orpheus.

"Sen dünyana geri dönerken o da arkandan gelecek," der Hades. "Ancak arkana bakmamalısın. Bakarsan, onu sonsuza kadar kaybedeceğini sakın unutma."

Orpheus kabul eder. Işığa doğru yolcuğuna başlarken yüreği neşeyle doludur. Ancak yavaş yavaş içine kuşku düşmeye başlar. "Acaba sevgili Eurydike gerçekten arkamdan geliyor mu?" diye sorar kendi kendine. "Belki de bir kontrol etsem iyi olur!"

İnancını korumaya çalışır, ancak tam yeryüzüne çıkmak üzereyken kendini tutamaz, arkasını döner.

Eurydike, onu ilk gördüğü günkü kadar güzeldir ve peşinden gelmektedir. Ancak arkasına baktığı anda görünmez eller tarafından geriye çekilir.

"Sen ne yaptın?" diye bağırır. "Neden arkana baktın?" Çığlıkları karanlığa gömülür ve Orpheus onu bir daha göremez.

Narkissos ve Ekho

Zeus sadece şimşekleriyle değil, ölümlü kadınlarla yaşadığı ilişkileriyle de ünlü bir Tanrı idi. Karısı Hera ne zaman arkasını dönse, Zeus'un hemen başka bir yere gideceğinden, farklı bir kadına yanaşacağından hiç kuşkunuz olmasın!

Zaman geçtikçe Hera giderek daha da fazla kuşkulanmaya başlar; Zeus'un da onun dikkatini dağıtacak başka bir yol bulması gerekir. Sonunda Ekho adında güzel bir Nympha'dan yardım almaya karar verir. Zeus ne zaman kaçmaya niyetlense hemen Ekho'dan, onun kullandığı son sözcüğü tekrarlayarak Hera'yı oyalamasını ister. Hera şöyle diyecek olur:

"Zeus nereye gitti?"

Ekho da şöyle cevap verir.

"Zeus gitti mi?"

Elbette bu numara çok uzun sürmez; Hera olanları anlayınca çok öfkelenir. Bir büyü yaparak Ekho'yu cezalandırır. Ondan sonra Ekho sadece başkalarının söylediklerini tekrarlayabilir duruma gelir.

İşte Ekho ve Narkissos'un acıklı öyküsü de böyle başlar. Narkissos, Boiotia'nın en yakışıklı gencidir. Gittiği her yerde kadınlar onu gözleriyle izler.

Oysa Narkissos hiçbiriyle ilgilenmez; çünkü o başka birini çok sevmektedir: Kendisini.

Bir gün ormanda gezinirken, serin orman pınarlarında zaman geçirmekten hoşlanan Ekho onu görür. Görür görmez de aşk ateşi yüreğini yakar. Aralarında belli bir uzaklık bırakarak peşinden giderken, güzel yüzünü ve güçlü fiziğini inceler. Arkasında bir dal çatırdadığını duyan Narkissos birinin peşinden geldiğini anlar.

"Kim var orada?" diye bağırır. "Buraya gel!"

"Buraya gel!" diye yanıt vermekten kendini alıkoyamaz Ekho.

"Göster kendini!" der Narkissos.

"Göster kendini!" der Ekho.

Ekho sonunda ağaçların arasından çıkma cesaretini gösterince Narkissos aşağılayıcı gözlerle ona bakar.

"Ben seni nasıl severim?" diye sorar.

Ekho'nun gözünde yaşlar birikir. "Severim," diye bağırır.

Ancak Narkissos çoktan çekip gitmiştir. Bu kadar zalim bir şekilde aşağılandığına üzülen Ekho, Tanrılar'a yakarır. "O da ölüm dışında asla aşkı bulamasın."

Tanrılar Ekho'ya acır, dileğini yerine getirirler. Bir süre sonra Narkissos durgun bir su birikintisinin yanına gelir, içmek için diz çöker. Ancak suda o ana kadar gördüğü en güzel yüzü görür. Tanrılar'ın büyüsü nedeniyle bunun kendi yansıması olduğunu anlamaz. Sudaki kişiyle konuşurken "Seni seviyorum," der ve onun da dudaklarının kıpırdadığını, aynı şeyleri söylediğini fark eder.

Sonunda, birkaç saat sudaki derin mavi gözlere baktıktan sonra öpmek için öne eğilir. Sudaki güzellik de ona doğru yaklaşınca yüreği daha da hızlı çarpmaya başlar. Ona sarılmak için, tıpkı bu yeni aşkı gibi kollarını ona doğru uzatır. Ve o anda Narkissos suya düşer. Ya Narkissos yüzme bilmez ya da Tanrılar su birikintisini sandığından daha da derinleştirmişlerdir. Hangisi olursa olsun, Narkissos sonunda kendi yansımasında boğulur; kendine böylesine hayran olan birinin hak ettiği sona kavuşur.

Ekho'ya ne mi olur? Ekho uzun yıllar Boiotia'nın kayalıklarla dolu mağaralarında dolanarak insanlardan uzak durur, Tanrılar'a yakınır. Zaman geçtikçe yemeden içmeden kesilir, yavaş yavaş yok olmaya başlar. Sonra da ortalarda görünmez olur. Şu anda bile yaşamaktadır; ama artık sadece belirli yerlerde bulunabilir. Bir mağaraya ya da kayalık bir yerlere gidin. Ekho'yu göremezsiniz; ama şanslıysanız sesini duyabilirsiniz. Sadece boşluğa bağırın ve sizin söylediklerinizle size yanıt verişini dinleyin.

DAHA FAZLA KAYNAK

Antik Yunanlar ve mitolojileriyle ilgili bilgileri bulmak kolaydır. Çok aramanıza gerek yoktur. Büyük müzelerde, genelde klasik sanat koleksiyonları vardır: antik Yunan Tanrı ve Tanrıçaları'nın heykelleri ya da ünlü mitolojik sahneleri anlatan figürlerin bulunduğu kızıl ve siyah vazolar...

Ayrıca Orta Çağ'dan itibaren Titian, Nicholas Poussin, Claude Lorrain, John Waterhouse gibi birçok ressam, antik Yunan mitlerinden sahneler resmetmiş, bu ölümsüz öykülerin anlatıldığı birçok film ve televizyon programı yapılmıştır. Mitolojik temalar operada da çok sevilmektedir ve Yunan dramları -genellikle çevrilmiş olsa da!- günümüzde hâlâ sahneye konulmaktadır.

Antik Yunan uygarlığının fiziksel kalıntıları, dünyanın birçok yerinde ziyaret edilebilmektedir. Tapınaklar, tiyat-rolar ve başka bazı binalar (özellikle mimari kalıntıların çok olduğu Atina'daki Akropol gibi) Yunanistan, Türkiye, Suriye ve Kuzey Afrika'da korunmuştur.

Her büyük kütüphanede özgün dillerde öyküler bulabilirsiniz. Özgün Yunan yazarların birçok yapıtı kaybolmuşsa da bazıları günümüze kadar gelmiştir ve öykülerin çoğu da sonraki Romalı yazarlar tarafından Latince anlatılmıştır. Perseus Dijital Kütüphanesi'nde (http://www.perseus.tufts.edu/hopper/) eski dillerde ya da çeviri olarak yüzlerce klasik metin bulunmaktadır. Homer, Hesiod, Platon, Apollonius, Plutarch, Ovid ve Virgil bu kütüphanede bulabileceğiniz yazarlar arasındadır.

Antik Yunan mitolojilerine ayrıntılı bir giriş yapmak için Robert Graves'in ilk kez 1955'te basılan Türkçeye 2013 yılında çevrilen *Yunan Mitleri* (Tanrılar, Kahramanlar ve Söylenceler) (Say Yayınları, 2013) adlı yapıtını okuyabilirsiniz.

Günümüz yazarları da Yunan mitolojisinden çok etkilenmişlerdir. Yazar Rick Riordan, eski mitolojiye modern yorum katarak, bir çocuk dizisi hazırlamıştır. Kahramanı (ilk adında "Perseus"u bir sözcük oyunu olarak kullandığı) Percy Jackson, klasik mitolojideki maceralara atılan yarı Tanrı bir insandır. *Percy Jackson ve Olimposlular* beş romandan oluşur: *Şimşek Hırsızı* (2010), *Canavarlar Denizi* (2010), *Titan'ın Laneti* (2010), *Labirent Savaşı* (2009), *Son Olimposlu* (2010)

Hatta bu kadar da değil! Rick Riordan'ın, bir başka roman dizisi daha bulunmaktadır: *Olimpos Kahramanları*, *Melez Emirlikleri* (2012), *Kayıp Kahraman* (2012), *Neptün'ün Oğlu* (2011), *Athena'nın İşareti* (2012), *Hades'in Evi* (2013).